# 体育教育理论
# 与实践探索

廖建路　徐徐清风　著

哈尔滨出版社
H.P.H
HARBIN PUBLISHING HOUSE

**图书在版编目（CIP）数据**

体育教育理论与实践探索 / 廖建路，徐徐清风著.
哈尔滨：哈尔滨出版社，2025. 1. -- ISBN 978-7-5484-
8156-0

Ⅰ. G807. 01

中国国家版本馆 CIP 数据核字第 2024UX0996 号

书　　名：**体育教育理论与实践探索**
TIYU JIAOYU LILUN YU SHIJIAN TANSUO

作　　者：廖建路　徐徐清风　著

责任编辑：李金秋

出版发行：哈尔滨出版社（Harbin Publishing House）

社　　址：哈尔滨市香坊区泰山路 82-9 号　邮编：150090

经　　销：全国新华书店

印　　刷：北京鑫益晖印刷有限公司

网　　址：www.hrbcbs.com

E - mail：hrbcbs@yeah.net

编辑版权热线：（0451）87900271　87900272

销售热线：（0451）87900202　87900203

开　　本：880mm×1230mm　1/32　印张：4.75　字数：117 千字

版　　次：2025 年 1 月第 1 版

印　　次：2025 年 1 月第 1 次印刷

书　　号：ISBN 978-7-5484-8156-0

定　　价：58.00 元

凡购本社图书发现印装错误，请与本社印制部联系调换。

服务热线：（0451）87900279

# 前　言

　　体育教育,作为教育体系中的重要一环,不仅关乎个体的身体健康,更与国家的未来息息相关。在当今社会,随着科技的飞速发展和生活方式的巨大变革,体育教育的重要性越发凸显。它不仅是培养学生强健体魄的基础,更是塑造学生意志品质、团队合作精神以及终身运动习惯的关键。因此,对体育教育理论与实践的探索,显得尤为迫切和必要。近年来,随着"健康中国"战略的深入实施,体育教育得到了前所未有的关注。从校园到社会,从青少年到成年人,越来越多的人开始重视体育锻炼,追求健康的生活方式。然而,与这种日益增长的需求相比,我国的体育教育理论与实践研究仍显得相对滞后,亟须进一步的深化和拓展。

　　本书共分为六个章节,第一章至第二章讲解了体育运动训练的特点、要素及其对肌体的影响,同时深入剖析了体育训练的科学基础,包括生理学原理和营养摄入的重要性。第三章则专注于体能训练,详细介绍了肌肉力量、耐力和柔韧性的有效训练方法。第四章进一步探讨了不同体育项目,如球类、有氧运动和塑身运动的训练实践。第五、第六章聚焦于体育教学模式的创新,介绍了合作学习、多媒体网络教学等先进教学方法,并探讨了体育课程资源的有效开发与利用。本书融合了理论与实践,是体育教育从业者和爱好者的必备参考书籍。

　　通过本书,读者能够深入了解体育运动训练的核心理念,掌握科学的训练方法,以及探索体育教学的创新发展。

# 目　　录

# 第一章 现代体育运动训练基础知识

## 第一节 体育运动训练的特点与要素

### 一、体育运动训练的特点

#### (一)训练目标的专一性与实现途径的多元性

训练目标通常专注于提高运动员的竞技能力和运动成绩,这是体育运动训练的核心所在。竞技能力和运动成绩是评价一个运动员是否优秀的关键指标,也是训练过程中最为关注的焦点。为了实现这一目标,教练员和运动员需要共同努力,通过科学、系统的训练,不断提升运动员的身体素质、技术水平和心理素质。然而,提高竞技能力和运动成绩并非只有一种固定的途径。相反,实现这一目标的途径是多元化的,可以根据运动员的个体差异、项目特点和训练条件等多种因素,采用不同的训练方法和手段。这种多元化的训练途径不仅有助于满足不同运动员的个性化需求,还能够激发运动员的训练兴趣和积极性,从而提高训练效果。在多元化的训练途径中,教练员扮演着至关重要的角色。他们需要根据运动员的实际情况,制订出科学合理的训练计划,选择合适的训练方法和手段。例如,对于力量训练,可以采用传统的负重训练、自重训练,或者利用先进的健身器械进行训练;对于技术训练,可以通过模拟比赛场景、分解技术动作、反复练习等方式来提高运动员的技术水平。此外,心理训练也是不可或缺的一部分,教练员可以通过心理疏导、压力管理等方法来帮助运动员建立良好的心理状态。

除了教练员的指导作用外,运动员自身的主动性和创造性也是实现多元化训练途径的关键。运动员需要积极参与训练过程,与教练员保持良好的沟通与反馈,及时调整训练计划和方法,以确保训练的有效性和针对性。同时,运动员还可以根据自己的特点和需求,自主选择一些适合自己的训练方法和手段,如瑜伽、普拉提等辅助训练,以全面提升自己的竞技能力。在实现多元化训练途径的过程中,还需要注意训练的科学性和系统性。科学性要求训练计划和方法必须符合运动训练的客观规律,遵循运动员的生理、心理特点,以确保训练的安全和有效。系统性则要求训练过程必须循序渐进、全面协调,注重各项能力的均衡发展,避免片面追求某一方面的提高而忽视其他方面的发展。

## (二) 竞技能力结构的整体性与各子能力之间的互补性

竞技能力,这一概念在体育运动中占据着举足轻重的地位。它是由多种子能力共同构建的一个复杂整体,其中包括力量、速度、耐力等诸多要素。这些能力并不是孤立存在的,而是相互关联、相互影响,共同构成了运动员在竞技场上所需具备的综合能力。首先,力量是竞技能力的基础。它不仅仅是指运动员的肌肉力量,更包括爆发力和最大力量等多个方面。一个拥有强大力量的运动员,在起跑、冲刺、跳跃等动作中都能展现出更高的效率和稳定性。而力量的提升，往往也会对其他子能力产生积极影响。例如，当运动员的力量增强时，他们的速度和耐力也有可能随之提高，因为更强的肌肉能够提供更多的能量和更好的耐力表现。速度则是竞技能力中的另一大关键要素。在许多体育项目中，速度往往决定着胜负的归属。运动员需要具备快速反应和迅速移动的能力，以便在比赛中抢占先机。而速度的提升，同样会对其他子能力产生带动作用。比如，当运动员的速度增加时，他们的敏捷性和协调性也可能得到提升，因为这些能力都与身体的快速移动和反应密切相关。耐力是竞技能力中不可或缺的一部分。它代表着运动员在长时间、高强度的比赛中保持高水平表现的能力。一个拥有良好耐力的运动员，能够在比赛中持续稳定地发挥，甚至在关键时刻超常发挥。耐力的提高同样会对其他子能力产生积极影响。例如，当运动员的耐力增强时，他们在疲劳状态下的技术执行能力也会得到提升，因为身体已经适应了在高强度下的持续运动。除了力量、速度和耐力之外，竞技能力还包括柔韧性、协调性、灵敏性等多个方面。这些子能力同样相互关联、相互影响，共同构成了运动员的综合竞技能力。在训练中，教练员需要根据运动员的实际情况和项目需求，有针对性地提高各项子能力，以实现竞技能力的全面提升。

## （三）运动训练过程的连续性与组织实施的阶段性

运动训练，无论是对于专业运动员还是业余爱好者，都是一个长期且连续的过程。它要求参与者有坚定的决心和持之以恒的毅力，因为只有通过不断的努力和练习，才能达到预期的训练效果，进而提升个人的运动表现和竞技水平。这个过程绝非一蹴而就，而是需要日复一日、年复一年的积累和沉淀。每一次的训练，都是对身体机能的挑战和锤炼,都是对意志品质的考验和锻炼。运动员在训练中不断突破自我,挑战极限,才能在比赛中展现出超凡的实力和水平。然而,运动训练并非一成不变的。虽然它需要长期的坚持和积累,但在这个过程中,训练的组织和实施又呈现出明显的阶段性特征。每一个训练阶段都有其特定的训练重点和目标,这些都是根据运动员的实际情况、竞技水平以及比赛需求来精心设计的。

在初级阶段,训练可能更加注重基础体能和技术的培养。通过基础体能训练,运动员可以打下坚实的身体素质基础,为后续的高强度训练做好准备。而技术训练则是为了让运动员掌握正确的运动姿势和动作要领,提高运动效率和减少运动损伤的风险。随着运动员水平的提高,训练的重点和目标也会相应地进行调整。在中级阶段,训练可能更加注重战术意识和心理素质的培养。战术意识的培养可以让运动员在比赛中更加灵活地运用技术,制定出更有效的比赛策略。而心理素质的培养则是为了让运动员在面对压力和挑战时能够保持冷静和自信,发挥出自己的最佳水平。到了高级阶段,训练的重点可能更加侧重于模拟比赛场景和实战演练。通过模拟比赛场景的训练,运动员可以更好地适应比赛节奏和氛围,提高自己的应变能力和比赛经验。而实战演练则是为了让运动员在真实的比赛环境中检验自己的训练成果,找出自己的不足之处,为后续的训练提供有针对性的指导。

## (四)不同训练负荷影响下机体的适应性及劣变性

训练负荷的合理安排,对于运动员的成长与发展具有至关重要的影响。训练负荷,简单来说,就是运动员在训练中所承受的工作量。这个工作量的大小、强度和持续时间,都会直接影响到运动员机体的反应和适应能力。当训练负荷适宜时,它可以有效地促进运动员机体的适应性改变。这意味着,通过合理的训练刺激,运动员的身体会逐渐适应并优化其生理机能,从而更好地应对接下来的训练和比赛挑战。这种适应性改变不仅体现在肌肉力量的增长、耐力的提升,还包括技术动作的熟练和战术意识的增强。所有这些进步,都将有助于提高运动员的竞技能力,使他们在比赛中更加游刃有余。然而,当训练负荷过大或过度时,就可能对运动员的机体造成负面影响。过度的训练负荷会超出机体的承受能力,导致身体出现疲劳、肌肉拉伤、关节疼痛等问题。长时间的高强度训练还可能引发过度训练综合征,表现为持续的疲劳、失眠、食欲不振等症状,严重影响运动员的身心健康和竞技状态。更为严重的是,过度的训练负荷甚至可能直接导致运动损伤,这不仅会中断运动员的训练计划,还可能对他们的职业生涯造成长远的影响。因此,合理安排训练负荷就显得尤为重要。教练员和运动员需要密切合作,根据运动员的个体差异、训练目标和比赛计划,来制定个性化的训练方案。这个方案应该既能给予机体足够的刺激以促进适应性改变,又要避免过度负荷带来的风险。在实施训练计划的过程中,还需要不断地进行监测和调整,以确保训练负荷始终保持在适宜的水平。除了训练负荷的合理安排外,运动员的恢复和营养补给也同样重要。在高强度训练后,给予身体足够的休息时间和营养支持,可以帮助机体更快地恢复和适应训练负荷,从而减少运动损伤的风险并提高训练效果。

## (五)训练调控的必要性及应变性

在训练过程中,教练员的角色举足轻重,他们如同航海家,引领运动员在竞技的海洋中航行。而在这个航行过程中,教练员不仅要有全局的战略眼光,还需要具备敏锐的洞察力和及时的调控能力。因为每位运动员的体能状况、技术水平和心理状态都是独一无二的,这就要求教练员在训练时,必须根据运动员的实际情况进行个性化的指导。训练效果是检验训练方法是否得当、训练计划是否合理的重要依据。教练员需要密切关注运动员的训练反馈,从每一个细微的动作和表情中捕捉信息,评估训练效果。如果发现运动员在某个环节上存在困难或出现了疲劳的迹象,教练员就需要及时调整训练强度和内容,确保运动员能够在最佳状态下持续进步。

然而,训练过程中总是充满了不确定性。无论是天气的突变、设备的故障,还是运动员突发的身体不适,这些都可能对训练计划造成干扰。因此,教练员和运动员都需要具备出色的应变能力。教练员要在第一时间做出判断,调整训练计划,确保运动员的安全和健康。运动员也需要在突发情况下保持冷静,迅速适应新的训练安排。这种应变能力不仅是对教练员和运动员专业素养的考验,更是对他们心理素质的挑战。在面对突发情况时,一个经验丰富的教练员能够迅速做出决策,减轻不利因素对训练的影响。而一个心理素质过硬的运动员,则能够在困境中保持斗志,不放弃任何一个提升自己的机会。除了应对突发情况,教练员和运动员还需要在日常训练中不断磨合,建立起深厚的信任和默契。教练员要通过与运动员的沟通交流,了解他们的需求和困惑,为他们提供有针对性的指导。运动员也要积极向教练员反馈自己的感受和建议,共同推动训练计划的完善。

## (六)现代科技支持的全面性及导向性

现代科技在运动训练中已经渗透到了方方面面,其重要性日益凸显。在训练计划的制订环节,科技就展现出了其独特的优势。利用大数据分析,教练员可以针对运动员的个人特点和能力,制定出更为精确和个性化的训练方案。这不仅提高了训练的针对性,还能有效预防运动损伤,确保运动员在最佳状态下进行训练。在训练过程中,科技手段的运用同样广泛。通过各种传感器和监控设备,教练员可以实时获取运动员的生理数据,如心率、血氧饱和度等,从而及时调整训练强度和内容,确保训练的科学性和有效性。训练结束后,科技在训练效果的评估中也发挥着关键作用。通过对比训练前后的数据变化,可以清晰地看到运动员在哪些方面有所提高,哪些方面仍需加强。这种量化的评估方式,不仅更为客观公正,还能帮助教练员和运动员更好地了解训练成果,为下一阶段的训练提供有力依据。科技的发展不仅优化了现有的训练方法和手段,还引导着运动训练不断创新和进步。随着人工智能、虚拟现实等前沿技术的不断融入,未来运动训练将更加智能化、个性化,为运动员的成长和发展提供更为强大的助力。

## 二、体育运动训练的要素

### (一)锻炼强度

锻炼强度,这一在体育锻炼中至关重要的概念,指的是在体育锻炼过程中,身体所需要承受的工作负荷的大小。它不仅仅是一个简单的数字或者指标,而是直接关系到训练效果的核心要素。对于追求健康、提升体能或者专业训练的人来说,理解和掌握适当的锻炼强度是必不可少的。为什么锻炼强度如此重要呢?这是因为它直接影响到心肺功能、肌肉力量以及身体成分等多个方面。当锻炼强度适当时,它可以有效地推动心肺系统的工作,使得心脏更加强健,肺活量增加,从而提高身体的耐力和持久力。同时,适当的强度还能刺激肌肉的生长和发展,增强肌肉力量和爆发力。更重要的是,通过合理的锻炼强度,可以改善身体成分,减少体脂,增加肌肉比例,使体型更加匀称和健康。

锻炼强度的选择并不是一成不变的。它受到诸多因素的影响,其中最为关键的是个人的年龄、身体状况和运动目的。例如,对于年轻人和体能较好的人来说,他们可能能够承受更高的锻炼强度,以获得更好的训练效果。而对于中老年人或身体状况一般的人来说,过高的锻炼强度可能会带来伤害,因此他们需要选择相对较低的强度,以保证锻炼的安全和有效性。除了个人的基本情况,运动目的也是决定锻炼强度的重要因素。如果目标是提高心肺功能,那么持续的中等强度锻炼可能是最佳选择;如果想要增强肌肉力量,那么高强度的力量训练就更为合适。因此,在制订锻炼计划时,必须首先明确自己的运动目的,然后根据这一目的来选择合适的锻炼强度。此外,锻炼强度的选择还需要结合个人的感受和实际情况进行微调。如果在锻炼过程中感到过于疲劳或不适,那么就应该适当降低锻炼强度,以避免过度疲劳和受伤。反之,如果感觉锻炼强度过低,无法达到预期的训练效果,那么就应该适当增加锻炼强度。

## (二)锻炼时间

锻炼时间,这个在体育锻炼中常被提及的概念,其实质指的是每次进行体育锻炼的持续时间。这一时间长短并非随意而定,而是需要经过深思熟虑,因为它与训练效果以及身体的适应程度息息相关。当谈论锻炼时间时,不得不提及其对于训练效果的重要性。锻炼时间过短,身体可能刚刚进入状态,还未来得及充分调动各项机能,因此难以达到预期的训练效果。锻炼时间需要根据个人的身体状况、运动目的以及日程安排来综合考虑。每个人的身体状况都是独一无二的,因此,适合自己的锻炼时间也会因人而异。对于初学者或体能较差的人来说,建议从较短的锻炼时间开始,然后逐渐增加,以便让身体逐渐适应。而对于有一定运动基础的人,则可以根据自己的目标和日程安排,制订更为个性化的锻炼计划。除了考虑身体状况和运动目的外,日程安排也是一个不可忽视的因素。毕竟,锻炼只是生活的一部分,还需要考虑工作、学习等其他方面的时间安排。因此,在制订锻炼计划时,应确保所选的锻炼时间不会与日常生活产生冲突,从而保证锻炼的持续性和规律性。值得一提的是,合理的锻炼时间并非一成不变。随着身体状况的改善和运动水平的提高,可以适当地调整锻炼时间,以追求更好的训练效果。这就像是在种植一棵树苗,初期需要精心照料,而随着树苗的成长,可以逐渐减少对其的干预,让其自然生长。

## (三)锻炼频率

锻炼频率,顾名思义,即指个体每周参与体育锻炼的次数。这一参数在训练计划中占据着举足轻重的地位,因为它直接关系到身体的适应程度和训练效果的累积。简而言之,锻炼频率的高低,将直接影响到运动表现和身体健康。一般而言,每周进行3—5次体育锻炼被广大专家和教练视为比较适宜的频率。这样的频率既能够给予身体足够的刺激,促进其适应和进步,又能避免过度训练导致的伤害和疲劳。首先,适宜的锻炼频率可以保证训练的连续性。在体育锻炼中,连续性的训练是至关重要的。它能够帮助身体逐步适应运动的强度和节奏,进而提升体能和技巧。若锻炼频率过低,身体便无法持续受到有效的刺激,进步的速度自然会大打折扣。其次,适宜的锻炼频率也有助于训练效果的累积。每一次的锻炼,都是对身体的一次挑战和锤炼。而锻炼的频率,则决定了这些锤炼能否有效叠加,进而形成显著的训练效果。过低的锻炼频率,可能导致每次锻炼之间的间隔时间过长,身体在尚未完全适应上一次锻炼的刺激之前,便已开始遗忘和退化。然而,锻炼频率并非越高越好。过高的锻炼频率,尤其是超出身体承受能力的高强度锻炼,很可能导致过度疲劳甚至受伤。因此,在制订训练计划时,必须充分考虑到个体的恢复能力和日程安排,确保锻炼频率既科学又合理。此外,锻炼频率的确定还需结合具体的运动目的。例如,对于以增肌为目标的健身爱好者来说,适当的锻炼频率能够促进肌肉的生长和修复;而对于以减肥为目标的人群来说,较高的锻炼频率则有助于加速脂肪的燃烧和代谢。

## (四)训练方法与手段

训练方法和手段是体育训练中至关重要的元素,它们是实现训练目标、提升运动员竞技水平的关键途径。就像导航仪指引到达目的地一样,科学合理的训练方法和手段能够引导运动员稳步前行,在竞技场上取得优异成绩。选择适当的训练方法和手段,可以显著提高训练效果。例如,通过有针对性的力量训练,可以增强运动员的爆发力和耐力;通过技巧训练,可以提升运动员的技术水平和比赛中的应变能力。这些训练方法和手段的运用,都需建立在深入了解运动员的体能状况、技术特点和心理状态的基础上,以确保训练内容既符合运动员的实际需求,又能有效地推动他们的进步。同时,科学合理的训练方法和手段还能有效预防运动损伤。在竞技体育中,损伤是运动员面临的一大风险。而通过合理的训练安排,如适当的热身和拉伸运动,以及科学的运动负荷管理,可以显著降低运动损伤的发生率。这不仅能够保护运动员的身体健康,还能确保他们的训练计划得以顺利实施,不受意外伤病的干扰。

## (五)恢复与休息

恢复与休息,在体育运动训练中,其重要性不言而喻。它们就像训练过程中的"加油站",为运动员提供必要的"燃料"和"润滑剂",确保运动员在高强度的体力与脑力付出后,能够得到充分的修复和能量的积蓄。每当运动员经历一段高强度的训练,他们的身体都会消耗大量的能量,肌肉和关节也会承受巨大的压力。这时,适当的恢复与休息就显得尤为关键。它们不仅可以帮助运动员消除疲劳,还能促进体能的恢复,使得运动员能够以最佳状态迎接下一阶段的挑战。恢复并非仅仅指身体上的放松和修复。在高强度的训练中,运动员的心理压力也是不容忽视的。因此,恢复与休息还包括了心理上的调适和放松。只有当身心都得到了充分的恢复,运动员才能在接下来的训练中发挥出最佳水平。

# 第二节 体育运动训练对肌体的影响

## 一、对肌肉的影响

### (一)肌肉体积增大

肌肉体积的增大是体育锻炼,特别是力量训练带来的显著变化之一。当人们进行力量训练时,肌肉会受到强烈的刺激,从而引发一系列的生理反应。这种刺激促进了肌肉蛋白质的合成,使得肌纤维的数量和大小得以增加,进而导致肌肉体积的明显增大。这一过程中,锻炼实际上是在"破坏"肌肉纤维,然后在休息和恢复期间,身体会修复这些"破坏",并且为了使肌肉更强大,会额外增加一些肌肉纤维。这就是所谓的"肌肉超量恢复"原理。经过反复的力量训练,肌肉就会逐渐变得更加粗壮有力。在运动员身上,这种肌肉体积的增大尤为明显。因为运动员经常进行高强度的力量训练,他们的肌肉得到了充分的刺激和锻炼,从而变得更加发达。这种发达的肌肉不仅提高了运动员的运动表现,还使他们的身体更具力量感和美感。值得一提的是,肌肉体积的增大并不是一蹴而就的,它需要长时间的坚持和科学的训练方法。同时,合理的饮食和充足的休息也是必不可少的。只有综合考虑这些因素,才能达到理想的肌肉增长效果。

## (二)肌肉力量增强

体育锻炼对肌肉力量的增强有着显著的作用。通过锻炼,肌肉的神经调节得到了改善,这意味着肌肉能够更快速、更准确地响应神经系统的指令。这种改善的神经调节使得肌纤维之间的协调性得到了提高,从而在肌肉收缩时能够产生更大的力量。此外,锻炼还增加了肌肉中快肌纤维的比例。快肌纤维对于爆发力的产生至关重要,因为它们能够在短时间内快速收缩,产生巨大的力量。这种力量的增强使得运动员在比赛中能够更好地应对各种突发情况,提高他们的竞技表现。除了直接增强肌肉力量外,体育锻炼还有助于提高身体的稳定性和平衡性。这对于防止运动损伤和提升整体运动表现都具有重要意义。因此,对于那些希望增强肌肉力量和提升运动表现的人来说,定期的体育锻炼是必不可少的。

## （三）肌肉耐力提高

有氧运动如长跑、游泳等对于提高肌肉耐力具有显著的效果。这类运动通过提高肌肉的氧化能力来增强肌肉的耐力。所谓氧化能力，就是指肌肉在有氧条件下利用氧气产生能量的能力。当肌肉的氧化能力提高时，它就能够在长时间的活动中持续供能，从而延缓疲劳的发生。这种耐力的提高对于运动员来说尤为重要。在长时间的比赛中，耐力往往成为决定胜负的关键因素。通过有氧运动的训练，运动员能够在比赛中保持更长时间的高水平表现，从而取得更好的成绩。此外，有氧运动还有助于改善心肺功能和提高身体的免疫力。这对于保持身体健康和预防运动损伤都是非常重要的。因此，无论是专业运动员还是普通健身爱好者，都应该重视有氧运动的训练，以提高肌肉的耐力和整体的运动表现。

## 二、对骨骼的影响

### （一）骨骼密度增加

骨骼密度是衡量骨骼健康状况的重要指标，它反映了骨骼的矿物质含量和骨骼的强度。体育锻炼在促进骨骼密度增加方面起着至关重要的作用。通过持续的体育锻炼，特别是负重运动，如跑步、跳跃、举重等，可以有效地促进骨骼的新陈代谢，进而增加骨密度。新陈代谢是生命活动的基本过程，对于骨骼来说，新陈代谢的旺盛意味着骨骼细胞的活跃和不断更新。体育锻炼能够加速骨骼细胞内外的物质交换，提高骨骼细胞对营养物质的吸收和利用效率，从而有助于骨骼的生长和发育。在这一过程中，骨骼中的矿物质，如钙、磷等，会得到更好的沉积，进而增加骨骼的密度。骨密度的增加对于预防骨质疏松等骨骼疾病具有重要意义。骨质疏松是一种常见的骨骼疾病,主要表现为骨骼变薄、变弱,容易导致骨折。而体育锻炼通过增加骨密度,可以有效地增强骨骼的强度和硬度,从而降低骨折的风险。特别是对于中老年人和女性来说,由于年龄和生理因素的影响,骨质疏松的风险相对较高,因此更应该注重体育锻炼,以增加骨密度,保持骨骼健康。除了预防骨质疏松外,骨密度的增加还有助于提高身体的整体健康水平。骨骼作为身体的支撑结构,其健康状况直接影响到人的运动能力和生活质量。通过体育锻炼增加骨密度,人们可以拥有更加强健的骨骼,从而更好地应对日常生活中的各种挑战。

## (二)骨骼结构改善

骨骼结构是指骨骼的形状、大小和内部结构等特征。体育锻炼能够刺激骨骼生长,改善骨骼结构,使其更加粗壮、坚固。这种改善作用在青春发育期尤为明显,因为这一阶段是骨骼生长发育的关键时期。在青春发育期,适当的体育锻炼可以促进骨骼的生长发育。这是因为运动能够刺激生长激素的分泌,而生长激素是促进骨骼生长的重要激素之一。同时,运动还可以增加骨骼的机械应力,这种应力可以刺激骨骼细胞的增殖和分化,从而促进骨骼的生长和发育。通过体育锻炼,骨骼的形状和大小也会得到改善。例如,经常进行篮球、排球等跳跃性运动的人,其下肢骨骼往往更加粗壮,以适应跳跃时产生的巨大冲击力。这种改善不仅提高了骨骼的承载能力,还有助于预防运动损伤。此外,体育锻炼还可以改善骨骼的内部结构。骨骼是由骨小梁构成的网状结构,这种结构使得骨骼既轻便又坚固。体育锻炼可以增加骨小梁的数量和密度,从而改善骨骼的内部结构,使其更加坚固耐用。总的来说,体育锻炼对于骨骼结构的改善具有多方面的作用。它不仅可以促进骨骼的生长发育,还可以改善骨骼的形状、大小和内部结构。这些改善作用有助于提高骨骼的承载能力和预防运动损伤,从而保持身体的健康和活力。因此,应该养成良好的运动习惯,定期进行体育锻炼,以促进骨骼的健康发育和改善骨骼结构。同时,还需要注意饮食营养的均衡摄入,保证骨骼生长所需的营养物质得到充足的供应。通过这些措施的实施,人们可以拥有更加健康、坚固的骨骼结构,为身体的全面发展奠定坚实的基础。

## 三、对心血管系统的影响

### (一)增强心脏功能

体育锻炼对于心脏功能的增强具有显著的作用。心脏作为人体的发动机,负责将血液泵送到全身各个组织和器官,以满足其代谢和生理功能的需求。体育锻炼能够有效地加强心肌的收缩力,使得心脏每次跳动能够更有力地推动血液流动,进而提高心脏的泵血功能。在长期锻炼的过程中,心脏逐渐适应了更高的工作负荷,心肌细胞变得更加健壮,心脏的储备能力也随之增强。这种适应性的改变使得长期锻炼的人,在心脏每搏输出量上通常比一般人要大。这意味着他们在每次心跳时,能够更有效地将血液泵送到全身各个部位,为身体提供更多的氧气和营养物质。心脏功能的增强不仅对于运动员和健身爱好者具有重要意义,对于普通人来说也同样重要。一个强健的心脏能够更好地应对日常生活中的各种挑战,降低心脏病等心血管疾病的风险。通过体育锻炼来增强心脏功能,实际上是在为自己的健康投资,为未来的生活质量提供保障。除了加强心肌收缩力和提高心脏泵血功能外,体育锻炼还有助于改善心脏的节律和传导系统。这使得心脏在跳动时更加协调和有效,进一步提高了心脏的工作效率。

## (二)改善血液循环

运动对于改善血液循环具有显著的效果。血液循环是人体生命活动的重要组成部分,它负责将氧气和营养物质输送到身体的各个部位,同时将代谢废物排出体外。良好的血液循环是维持身体健康和生理功能正常运行的关键。通过体育锻炼,特别是有氧运动,可以有效地促进血液循环,加速血液的流动速度。这是因为运动能够增加心脏的泵血量和血管壁的弹性,使得血液能够更顺畅地在血管中流动。同时,运动还可以促进血管内皮细胞释放一氧化氮等血管扩张物质,进一步改善血管的舒张功能。血液循环的改善带来了诸多益处。首先,它有助于及时将氧气和营养物质输送到身体的各个角落,确保每个细胞都能得到充足的能量和养分。这对于维持身体的正常生理功能和促进组织修复具有重要意义。其次,良好的血液循环还有助于代谢废物的及时排出。运动过程中产生的乳酸、尿素等废物能够随着血液循环被迅速带走,减轻肌肉疲劳和酸痛感。此外,改善血液循环还有助于降低心血管疾病的风险。高血压、高血脂等心血管疾病往往与血液循环不畅有关。通过体育锻炼改善血液循环,可以有效地降低这些疾病的发生率,保护心血管系统的健康。

## 四、对呼吸系统的影响

### (一)肺活量增加

体育锻炼对于呼吸系统的影响深远,其中最为显著的就是肺活量的增加。肺活量,简而言之,就是肺部能够容纳空气的最大体积。它不仅反映了肺部的健康状态,还是衡量个体呼吸功能的重要指标。通过体育锻炼,可以有效地增强呼吸肌的力量,进而扩大胸廓的活动范围,使得肺部能够吸入和容纳更多的空气。呼吸肌,主要包括肋间肌和膈肌,是控制呼吸运动的关键肌肉群。在体育锻炼过程中,这些肌肉群会得到充分的锻炼和增强。随着呼吸肌力量的提升,胸廓的活动范围自然也会随之扩大。这意味着,在每次呼吸时,肺部能够更充分地膨胀和收缩,从而吸入和排出更多的空气。肺活量的增加对于身体健康和运动表现都有着积极的影响。首先,更大的肺活量意味着身体在运动时能够吸入更多的氧气。氧气是身体进行有氧代谢的必需品,充足的氧气供应能够保证身体在运动过程中产生足够的能量,从而维持较高的运动强度和持续时间。其次,肺活量的增加也有助于提高身体的耐力和恢复能力。当身体在运动后需要恢复时,更大的肺活量能够帮助身体更快地排出代谢废物,加速恢复过程。除了对运动表现的提升,肺活量的增加还对日常生活质量有着积极的影响。一个健康的呼吸系统能够更好地应对各种环境变化和挑战,降低呼吸道疾病的风险。同时,良好的呼吸功能也有助于缓解压力和焦虑,提升整体的身心健康水平。

## (二)呼吸效率提高

呼吸效率的提高是体育锻炼带来的另一大呼吸系统益处。呼吸效率,简单来说,就是身体在单位时间内吸入和排出气体的能力。高效的呼吸能够确保身体在运动或静息状态下都能得到充足的氧气供应。通过体育锻炼,呼吸系统的各个组成部分——包括鼻腔、喉、气管、支气管以及肺——都会得到锻炼和优化。这种优化不仅体现在结构的改善上,还体现在功能的提升上。例如,运动能够增强呼吸肌的协调性和耐力,使得呼吸过程更加平稳和高效。同时,运动还能促进肺部毛细血管的开放和血流量的增加,从而加速气体交换的过程。呼吸效率的提高对于身体健康和运动表现同样具有重要意义。首先,在运动过程中,高效的呼吸能够帮助身体更快地适应运动强度的变化,减少因缺氧而导致的疲劳和不适感。这意味着运动员能够在比赛中保持更长时间的高水平表现。其次,在日常生活中,高效的呼吸也有助于提高身体对氧气的利用效率,从而降低心脏的负担和减少能量消耗。这对于预防心血管疾病和提高整体健康水平都是有益的。

## 五、对神经系统的影响

### (一)提高神经调节功能

体育锻炼对于神经系统的调节功能有着显著的改善作用,这种改善体现在身体各部位之间的协调性和灵活性的提高。通过持续的锻炼,人们不仅能够强化肌肉和骨骼,更能够训练出反应迅速、决策精准的神经系统。在体育锻炼过程中,身体的各个部分需要密切配合,以完成各种复杂的动作。例如,在打篮球时,运动员需要准确地判断球的位置和速度,然后迅速地移动身体去接球或投篮。这一系列动作的执行,都离不开神经系统的精确调节。通过反复练习,神经系统的传导速度和准确性会得到提升,从而使得身体各部位的协调性和灵活性得到提高。神经调节能力的提高,不仅有助于人们在运动中做出更快速、更准确的反应,还能够在日常生活中发挥重要作用。比如,在遇到突发情况时,一个经过体育锻炼的人可能能够更迅速地做出判断和应对,从而避免或减少潜在的危险。此外,体育锻炼还能够促进神经细胞的生长和发育,增加神经突触的数量,提高神经网络的复杂性。这些变化都有助于提升大脑的认知功能和学习能力。因此,对于青少年来说,适当的体育锻炼不仅有助于身体健康,还能够促进智力发展。神经调节能力的改善是一个长期的过程,需要持续的体育锻炼和合理的训练计划。通过不断挑战自己,人们可以逐步提高自己的神经调节能力,享受运动带来的乐趣和成就感。

## (二)缓解压力

在快节奏的现代生活中,压力几乎无处不在。无论是来自工作的挑战、家庭的责任,还是社会的期望,这些都可能给人们带来沉重的心理负担。而体育锻炼则被证明是一种有效的压力释放途径,它能够帮助人们缓解紧张情绪,恢复内心的平静。运动刺激大脑释放内啡肽等化学物质的过程,实际上是一种自然的生理反应。内啡肽被称为"快乐激素",它能够引发愉悦感,减轻疼痛感,并有助于降低焦虑和压力水平。当人们进行体育锻炼时,随着运动强度的增加,身体会分泌出更多的内啡肽,从而带来一种身心的舒畅感。除了内啡肽的释放,体育锻炼还能够通过其他方式缓解压力。例如,运动可以帮助人们转移注意力,暂时忘却烦恼和压力源。在挥洒汗水的过程中,人们往往能够专注于当下的动作和感受,从而达到一种忘我的境界。这种短暂的逃避现实,有时候正是人们心灵所需要的慰藉。此外,体育锻炼还能够增强人们的自信心和掌控感。通过不断地挑战自己、突破极限,人们会感受到自己的成长和进步。这种积极的反馈能够提升自我价值感,使人们更加相信自己有能力应对生活中的各种困难和挑战。这种心理上的强大支撑,无疑也是缓解压力的重要因素。

# 第二章　体育训练的科学基础

## 第一节　体育训练的生理学基础

### 一、运动系统

#### （一）骨骼的适应性变化

体育训练对骨骼的深远影响,主要体现在骨密度和骨骼形态上的显著改变。长期从事体育锻炼的人,其骨骼会发生一系列的适应性变化,这些变化不仅强化了骨骼结构,还提升了骨骼的功能性。首先,体育锻炼能够显著增加骨密度。骨密度是指单位体积内骨质的含量,是评价骨骼强度的重要指标。通过持续的运动刺激,骨骼会受到一定的压力和拉力,从而激发成骨细胞的活性,促进新骨质的生成。这一过程不仅使得原有骨质得到加固,还能在骨骼表面形成新的骨质层,进而增加骨密度。其次,体育锻炼还能促进骨质的增厚。在持续的运动中,特别是高冲击性的运动如跑步、跳跃等,骨骼为了承受更大的力量,会自然而然地增加骨质的厚度。这种增厚不仅提高了骨骼的承重能力,还使得骨骼更加坚固耐用。除了骨密度和骨质的提升,体育锻炼还会导致骨骼形态的改变。长期从事特定运动的人,其骨骼会根据运动的需要进行适应性的调整。例如,举重运动员的上臂骨和脊柱骨往往会更加粗壮,以适应举重时产生的巨大压力。这种形态上的改变,使得骨骼更加符合运动的需求,提高了运动表现。综上所述,体育锻炼通过增加骨密度、促进骨质增厚以及改变骨骼形态等方式,显著提升了骨骼的抗折、抗弯、抗压缩等能力。这些适应性变化不仅有助于提高运动表现,还能有效预防骨质疏松等骨骼疾病,维护骨骼健康。

## (二)关节的灵活性提高

关节作为骨骼之间的连接点,在人体运动中发挥着至关重要的作用。体育锻炼,特别是拉伸和瑜伽等运动,能够有效地增加关节囊和韧带的伸展性。关节囊是包裹在关节周围的结缔组织囊,它具有一定的弹性和伸展性。通过长期的拉伸训练,关节囊的伸展性会得到显著提高,从而使得关节的运动幅度增大。同时,韧带作为连接骨骼的纤维组织,也在拉伸过程中逐渐增加了其伸展性,进一步提高了关节的灵活性。这种伸展性的增加不仅有助于改善关节的活动范围,还能减少运动中的受伤风险。当关节囊和韧带的伸展性提高时,它们能够更好地适应各种运动需求,缓冲外力对关节的冲击,从而保护关节免受损伤。肌肉是关节运动的动力来源,强大的肌肉力量能够为关节提供稳定的支撑和保护。在体育锻炼过程中,特别是力量训练,能够显著增加肌肉纤维的数量和直径,从而提高肌肉的力量和耐力。当关节周围的肌肉力量增强时,它们能够更好地控制和稳定关节的运动。这不仅有助于提高运动表现,还能减少关节在运动中的磨损和损伤。同时,强大的肌肉力量还能有效预防关节疾病的发生,如关节炎等。这种灵活性的提高不仅有助于改善运动表现,还能有效预防关节损伤和疾病的发生,维护关节健康。

### (三)肌肉的增强

肌肉作为运动的动力来源,在体育锻炼中扮演着举足轻重的角色。通过锻炼,肌肉能够得到显著的增强,这种增强主要体现在肌纤维的增粗和肌肉力量的提升,以及肌肉耐力和弹性的增加两个方面。体育锻炼,特别是力量训练,能够刺激肌肉纤维的增粗和肌肉力量的提升。在运动过程中,肌肉需要不断收缩以产生力量,从而完成各种动作。这种收缩刺激会激发肌肉细胞的生长和发育,使得肌纤维变得更粗、更强壮。同时,力量训练还能促进肌肉内部蛋白质的合成,进一步提高肌肉的力量和体积。肌纤维的增粗和肌肉力量的提升不仅有助于提高运动表现,还能改善身体的姿态和稳定性。强壮的肌肉能够更好地支撑身体,减少受伤的风险,并提升身体的整体美感。除了肌纤维的增粗和肌肉力量的提升外,体育锻炼还能增加肌肉的耐力和弹性。在持续的运动过程中,肌肉需要不断收缩和舒张,这种反复的动作会促进肌肉内部的血液循环和新陈代谢,从而提高肌肉的耐力。同时,运动还能促进肌肉内毛细血管的增生,为肌肉提供更多的氧气和营养物质,进一步增强肌肉的耐力。此外,体育锻炼还能增加肌肉的弹性。弹性是指肌肉在收缩和舒张过程中的可塑性和恢复能力。通过拉伸和瑜伽等运动,可以促进肌肉纤维的伸展和放松,从而提高肌肉的弹性。弹性的增加不仅有助于减少运动中的肌肉拉伤等损伤风险,还能提高身体的柔韧性和协调性。

## 二、神经系统

### (一)提高神经调节能力

体育锻炼对神经系统的重要影响之一,就是提高神经调节能力。神经调节是指神经系统通过反射、神经冲动和神经递质等方式,对身体各部位的活动进行精确调控,以保持机体内环境的稳态和适应外界环境的变化。体育锻炼通过多种方式增强神经系统的调节能力。体育锻炼能够增加神经元的兴奋性,使神经细胞更容易产生动作电位,从而提高神经冲动的传导效率。在运动过程中,特别是在进行高强度、高速度的运动时,神经系统需要迅速而准确地调动肌肉进行收缩和舒张,这就要求神经系统具备高度的兴奋性。通过长期的体育锻炼,神经元的兴奋性得到提升,使得身体能够更快地响应运动指令,提高运动表现。灵活性是指神经系统能够根据外界环境的不同,灵活调整身体的反应。体育锻炼中,人们需要面对不断变化的环境和运动需求,这就要求神经系统具备高度的灵活性。通过锻炼,神经系统能够更好地整合来自不同感觉器官的信息,根据实际情况调整身体的运动策略。这种灵活性的提升,使得人们在运动中能够更加协调。体育锻炼要求身体多个部位协同工作,以完成复杂的动作。通过长期的锻炼,神经系统能够更好地协调和控制身体各部位的运动,使得动作更加流畅、准确。这种协调性的提升,不仅有助于提高运动表现,还能减少运动中的能量消耗,提高身体的运动效率。

## (二)提高神经传导速度

神经传导速度是指神经冲动在神经纤维上传导的速度。体育锻炼能够显著提高神经传导速度,使得身体能够更快地接收和处理信息,从而做出迅速的反应。髓鞘是包裹在神经纤维外的一层脂质结构,它能够减少神经冲动在传导过程中的衰减,提高传导速度。体育锻炼能够促进神经纤维的髓鞘化进程,使得神经纤维的传导速度更快、效率更高。这种改善在高速运动或需要迅速反应的情况下尤为重要。突触是神经元之间传递信息的结构基础。体育锻炼能够增加突触的数量和提高突触传递的效率,使得神经系统能够更快速地处理和传递信息。这种改善有助于身体在运动中做出更为迅速和准确的反应。体育锻炼还能够优化神经网络的连接方式,使得神经系统在处理和传递信息时更加高效。通过锻炼,神经系统能够建立起更为合理的信息传递路径,减少不必要的中间环节,从而提高神经传导的速度和准确性。这种优化对于提高身体的整体运动表现和反应速度具有重要意义。

## 三、呼吸系统

### (一)增强呼吸肌的力量

体育锻炼对于增强呼吸肌的力量具有显著作用,这一点在运动生理学中得到了广泛的认可。呼吸肌主要包括膈肌、肋间肌等,它们在呼吸过程中起着至关重要的作用。通过体育锻炼,这些呼吸肌可以得到有效的锻炼和增强。在体育锻炼过程中,随着运动强度的增加,身体对氧气的需求也随之增加。为了满足这种需求,呼吸肌需要更加努力地工作,从而吸入更多的氧气并排出更多的二氧化碳。这种持续的工作状态使得呼吸肌得到了有效的锻炼,进而增强了其力量和耐力。具体来说,体育锻炼可以通过增加呼吸肌的负荷来刺激其生长和发育。在高强度的运动中,呼吸肌需要承受更大的压力,这会促使其肌纤维增粗、力量增强。同时,运动还可以促进呼吸肌内部的血液循环,为其提供更多的营养物质和氧气,从而进一步促进其力量的提升。随着呼吸肌力量的增强,胸廓的活动范围也会相应扩大。胸廓是保护胸腔内脏器的重要结构,其活动范围的大小直接影响到呼吸的深度和频率。通过体育锻炼,胸廓周围的肌肉和韧带可以得到拉伸和放松,从而增加了胸廓的灵活性和活动范围。这种扩大不仅使得人们在吸气时能够吸入更多的空气,还使得呼气时能够更加彻底地排出废气。这种改善对于提高肺活量和呼吸效率具有重要意义。

### (二)改善呼吸功能

除了增强呼吸肌力量外,体育锻炼还可以显著改善呼吸系统的通气和换气功能,从而提高呼吸效率。通气功能是指肺部与外界环境进行气体交换的能力。体育锻炼可以通过增加肺活量和改善呼吸肌的协调性来增强通气功能。在运动过程中,肺部需要吸入更多的氧气并排出更多的二氧化碳,这就要求肺部具备更强的通气能力。通过长期的体育锻炼,肺部的弹性和容量都会得到增加,从而提高了其通气功能。此外,体育锻炼还可以改善呼吸肌的协调性。在运动中,呼吸肌需要与其他肌肉群协同工作,以确保呼吸的顺畅进行。通过锻炼,呼吸肌与其他肌肉群之间的协调性会得到提高,从而进一步改善了通气功能。换气功能是指肺部与血液之间进行气体交换的能力。体育锻炼可以通过改善肺泡与毛细血管之间的气体交换来增强换气功能。在运动过程中,随着呼吸频率和深度的增加,肺泡与毛细血管之间的接触面积也会相应增加。这使得更多的氧气能够进入血液并被输送到全身各组织器官中,同时更多的二氧化碳能够从血液中排出并进入肺泡中排出体外。这种改善对于提高身体的氧气供应和废物排出具有重要意义。

## 四、内分泌系统

### (一)激素的分泌与调节

运动对内分泌系统的影响首先体现在激素的分泌和调节上。体育锻炼作为一种生理刺激,能够触发体内多种激素的分泌,这些激素在身体的生长发育、蛋白质合成以及骨骼肌增长等方面发挥着至关重要的作用。生长激素是由腺垂体分泌的一种重要激素,它对于促进生长发育、调节物质代谢以及增强免疫功能等都具有重要作用。体育锻炼,特别是高强度或力量训练,能够有效刺激生长激素的分泌。这种激素不仅有助于青少年的生长发育,还能在成年人中促进蛋白质的合成和骨骼肌的增长,从而提高身体的力量和耐力。值得注意的是,生长激素的分泌还受到运动强度、运动时间以及个体差异等多种因素的影响。因此,在制订运动计划时,需要根据个人的身体状况和运动目的来合理安排运动强度和时间,以最大化地刺激生长激素的分泌。睾酮是一种重要的雄性激素,它在男性体内起着主导作用,同时也存在于女性体内。睾酮对于维持肌肉力量、促进蛋白质合成以及提高性欲等方面都具有重要作用。体育锻炼,特别是力量训练和高强度的有氧运动,能够有效促进睾酮的分泌。在运动中,睾酮水平的提高有助于增强肌肉力量和耐力,加速肌肉的恢复和生长。同时,睾酮还能够促进红细胞的生成,提高血液的携氧能力,从而增强身体的运动表现。然而,过量的运动也可能导致睾酮水平的下降,因此合理的运动安排对于维持正常的睾酮水平至关重要。

（二）新陈代谢的促进

　　运动对内分泌系统的另一个重要影响是促进新陈代谢。新陈代谢是生命活动的基本过程之一，它涉及物质的合成与分解、能量的储存与释放等多个方面。体育锻炼能够加速新陈代谢的速率，从而对身体产生多方面的积极影响。在运动中，身体需要更多的能量来支持肌肉的活动。为了满足这种能量需求，身体会加速脂肪的分解和代谢，将其转化为可用的能量。这一过程不仅有助于减少体内脂肪的积累，还能达到减脂塑形的效果。特别是有氧运动，如跑步、游泳等，能够显著提高心率和呼吸频率，从而加速脂肪的氧化分解。同时，力量训练也能通过增加肌肉量来提高基础代谢率，使得身体在休息状态下也能消耗更多的能量。运动还能促进营养物质的吸收和利用。在运动中，身体的血液循环加快，使得更多的营养物质能够快速地输送到各个组织和器官中。这不仅有助于维持身体的正常生理功能，还能提高身体的免疫力和抵抗力。此外，运动还能促进胃肠道的蠕动和消化液的分泌，从而改善消化功能。这使得身体能够更有效地吸收和利用食物中的营养物质，为身体的生长发育和运动恢复提供有力的支持。

# 第二节 体育训练与合理营养

## 一、体育训练的重要性

### (一)提高身体素质

体育训练,作为一种全身性的锻炼方式,对于人的身体素质提升具有显著的影响。它并非单一地强化某一方面的身体能力,而是能够全面提升包括力量、速度、耐力、灵敏度和柔韧性在内的多项身体素质。在力量训练方面,体育训练通过各种抗阻运动,增强肌肉的收缩力量和爆发力,使身体在需要时能够迅速、有效地产生足够的动力。这种训练不仅有助于塑造健美的体型,更重要的是,在日常生活中能够更轻松地应对各种需要力量的场合。速度训练则是通过一系列快速反应和冲刺练习,提高身体的移动速度和反应速度。这不仅在竞技体育中占据重要地位,也是日常生活中避免危险、应对突发状况的关键能力。耐力训练则着重于增强心肺功能,使身体在长时间活动中能够保持稳定的表现。无论是长途旅行、户外徒步,还是日常工作中的持续努力,良好的耐力都是不可或缺的。灵敏度和柔韧性的提升,则让身体更加灵活多变,减少运动中的损伤风险。通过拉伸、瑜伽等训练方式,可以增加关节的活动范围,提高身体的协调性和平衡感。

### (二)增强心肺功能

增强心肺功能是现代人追求健康生活的关键一环,而有氧运动在这方面扮演着举足轻重的角色。像跑步、游泳这样的有氧运动,通过加快心率、深呼吸和持续的运动节奏,能够显著提高人的心肺功能。在跑步时,每一步的跃动都促使心脏加速泵血,以满足身体对氧气和养分的迫切需求;在游泳时,每一次划水都要求肺部进行更深层次的呼吸,以增强氧气的摄取和二氧化碳的排出。这些运动不仅强化了心脏的泵血能力,使其能够更有效地将富含氧气的血液输送到身体的每一个角落,还锻炼了肺部的气体交换能力,让人的呼吸系统更加高效和有力。这种增强不仅有助于在运动时表现得更出色,还对于预防心血管疾病、提升整体身体机能具有深远的意义。通过持续的有氧锻炼,可以打造一个更加强健、有活力的心血管系统,为健康和高质量的生活奠定坚实的基础。因此,无论是为了保持健康的体态,还是为了提高生活质量,增强心肺功能都是一项不容忽视的重要任务,而有氧运动正是实现这一目标的理想选择。

## (三)塑造健康体态

塑造健康体态是现代人追求美好生活的重要一环,而体育训练在这方面发挥着不可或缺的作用。通过科学而系统的体育训练,人们能够有效地塑造出健康的体态,减少不必要的脂肪堆积,同时增加身体的肌肉含量。这一过程不仅是对外观美感的提升,更是对身体内在健康的保障。当人的身体变得更加匀称和紧致时,整个人的气质和形象也会得到显著提升,这无疑会增强人的自信心。自信是一个人魅力的源泉,它让人在社交场合更加自如,面对挑战更加勇敢。此外,通过体育训练塑造的健康体态还会带来自我效能感的提高。自我效能感是指个体对自己能否完成某一行为的推测和判断,它影响着人的行为选择、努力程度和持久性。当看到自己的身体在体育训练下逐渐变得更加健康和美好时,对自身能力的信任感也会随之增强。这种自我效能感的提升,会激励人在其他方面也更加努力,追求更好的自己。因此,体育训练不仅能够帮助塑造健康的体态,提升外观美感,更重要的是它能够增强人的自信心和自我效能感,使人在生活的各个方面都更加积极向上,充满活力。

### (四)缓解压力与焦虑

体育训练被科学和实践证明是一种极为有效的压力释放方式。在快节奏的现代生活中,人们常常面临各种压力,无论是来自工作的挑战、家庭的琐事,还是社会的期望,这些都可能让人的内心感到压抑和焦虑。而体育训练,作为一种积极的生活方式,为人们提供了一个理想的压力释放途径。每当人们投入到运动中,无论是跑步、游泳、举重还是瑜伽,身体的活动都会带动心灵的放松。运动时,身体会分泌内啡肽等快乐激素,这些化学物质能够直接作用于大脑,产生愉悦感,从而有效地缓解压力和焦虑。同时,专注于运动的过程也让人暂时忘却烦恼,将注意力从压力源转移到身体的感受和运动的节奏上。这种注意力的转移不仅为人们提供了一个逃避现实压力的机会,还帮助他们重新调整心态,以更积极、更乐观的态度面对生活的挑战。因此,通过体育训练,人们不仅能够锻炼身体,提高身体素质,更能够在运动中释放内心的压力和焦虑情绪,达到心灵的宁静和平衡,从而全面提升个人的心理健康水平。这种身心并重的健康理念,正是现代人追求高质量生活的重要体现。

### (五)培养意志品质

体育训练不仅仅是对身体的锻炼,更深层次地,它是对意志品质的锤炼。每一次的训练都需要坚持和毅力,因为体育训练往往伴随着疲惫、挑战和困难。但正是这些不易,塑造了人们内心的自律性。当一个人决定投身于体育训练,他就必须对自己的身体和时间进行管理,确保每次训练都能得到有效的执行。这种对自我的约束和管理,逐渐内化为一种自律性,不仅在体育训练中体现,更会渗透到日常生活的方方面面。除了自律性,体育训练还培养了人的坚韧性。面对训练中的困难和疼痛,是选择放弃还是继续前进?长期进行体育训练的人们,往往会选择后者。他们知道,只有经过无数次的尝试和努力,才能达到预期的目标。这种不畏艰难、勇往直前的态度,就是坚韧性在体育训练中的真实写照。而且,体育训练很多时候需要团队合作,这不仅锻炼了个人的技能,更重要的是培养了团队合作精神。在团队中,每个人都有自己的角色和职责,只有大家齐心协力,才能取得优异的成绩。这种合作不仅是对技能的考验,更是对人心和情感的融合。长期在这样的环境下训练,人们自然会形成一种团结、协作的精神,这种精神也会在日常生活中得到体现。

## 二、合理营养对体育训练的影响

### (一)提供能量支持

合理的营养摄入对于体育训练来说至关重要,因为它能够为训练提供必不可少的能量支持。在进行高强度的体育训练时,身体需要消耗大量的能量,这些能量主要来源于食物中的碳水化合物。碳水化合物经过消化后转化为葡萄糖,进而为肌肉和其他组织提供能量。摄入适量的碳水化合物可以确保在训练过程中有稳定的能量供应,从而维持训练强度和持续时间。不仅如此,碳水化合物还能帮助在训练后更快地恢复体力,减少疲劳感。因此,对于经常进行体育训练的人来说,合理搭配含有碳水化合物的食物,如米饭、面包、水果和蔬菜等,是确保训练效果和身体健康的关键。同时,也要注意到,碳水化合物的摄入并非越多越好,而是要根据个人的训练量、身体状况和目标进行合理搭配,以避免过多的热量摄入或营养不均衡。总之,合理的营养摄入,特别是适量的碳水化合物,是体育训练中不可或缺的能量来源,提供了持续、稳定的能量支持,助力在训练中不断突破自我,达到更高的运动水平。

## (二)促进肌肉生长与修复

蛋白质在体育训练中扮演着举足轻重的角色,它是肌肉生长和修复不可或缺的重要营养素。每一次的体育训练,无论是力量训练还是有氧运动,都会对肌肉造成一定程度的微损伤。而正是这些微损伤,激发了肌肉的适应性和增长潜力。然而,要让肌肉从这些损伤中迅速恢复并变得更加强壮,就需要充足的蛋白质来支持。蛋白质是构成肌肉纤维的基本物质,它不仅能够为肌肉提供修复所需的"建筑材料",还能促进新的肌肉纤维的生长。在体育训练后,摄入适量的高质量蛋白质显得尤为重要。这是因为训练后的身体进入了一个"窗口期",在这段时间内,肌肉对营养的吸收和利用效率特别高。高质量蛋白质,如乳清蛋白、鸡蛋蛋白等,它们含有丰富的必需氨基酸,这些氨基酸是肌肉合成所必需的。通过摄入这些蛋白质,可以为肌肉提供充足的"养料",帮助其快速恢复,并促进肌肉纤维的增长。长期坚持合理的训练和蛋白质摄入,不仅可以让人的肌肉更加强壮、有力,还能提升运动表现,减少运动损伤的风险。因此,对于热爱运动、追求健康生活的人来说,重视蛋白质的摄入是至关重要的。

### （三）维持电解质平衡

在体育运动中,随着运动强度的增加,人体往往会大量出汗,这是身体为了调节体温而进行的自然反应。然而,随汗液排出的不仅仅是水分,还有一系列重要的电解质,如钠、钾等。这些电解质在维持人体正常生理功能中发挥着至关重要的作用。电解质的流失,尤其是钠和钾的减少,会打破细胞内外的渗透压平衡,可能导致肌肉抽筋、头晕、乏力等不适症状,严重时甚至会影响心脏的正常工作。因此,合理的营养摄入显得尤为关键。在运动前后及运动过程中,及时补充水分和富含电解质的运动饮料,可以有效补充随汗液流失的电解质,帮助身体迅速恢复到最佳的生理状态。此外,一些富含钾、钠等矿物质的食物,如香蕉、土豆等,也是很好的电解质来源,可以在日常饮食中适当增加。人们通过这些合理的营养摄入方式,不仅能够维持电解质的动态平衡,确保身体的各项生理功能得以正常运转,还能提高运动表现,降低运动损伤的风险。因此,无论是专业运动员还是日常健身爱好者,都应该重视运动中的电解质补充,确保身体的健康与安全。

### （四）增强免疫力

合理的营养摄入是维持免疫系统正常运作的基石,而免疫系统的强弱直接关系到抵抗疾病的能力。在摄入的营养中,维生素和矿物质是两类关键的营养素,它们在维护免疫系统方面发挥着举足轻重的作用。维生素 C、维生素 E、维生素 A 以及 B 族维生素等,都是众所周知的免疫增强剂,能够帮助身体抵御各种病毒和细菌的入侵。同样,矿物质如锌、硒、铁、铜等也在免疫反应中扮演着重要角色,它们参与到免疫细胞的生成和活动中,确保免疫系统的高效运转。当人们通过合理的饮食,确保了这些维生素和矿物质的充足摄入时,就能为身体构筑起一道坚实的免疫防线。这不仅意味着能够更好地抵抗日常生活中的小病小痛,还能在关键时刻,比如季节交替、流行病高发期等,拥有更强的自我保护能力。更为重要的是,对于经常进行体育训练的人来说,良好的免疫系统是确保训练计划不受干扰、能够持续进行的关键因素。毕竟,一旦生病,不仅会影响到训练效果,甚至还可能不得不暂停训练,这无疑是对训练热情和进度的一大打击。因此,注重合理的营养摄入,特别是确保维生素和矿物质的充足,是每一个人都应该重视的健康课题,它关乎人的身体能否持续、稳定地保持在最佳状态,以应对生活中的各种挑战。

## (五)预防运动损伤

预防运动损伤是每个运动员和运动爱好者都必须重视的问题,而营养素的合理摄入在这方面起着至关重要的作用。特别是钙、镁等矿物质,它们对于骨骼健康具有不可替代的重要性。钙是构成骨骼的主要成分,它能够增强骨骼的密度和硬度,使得骨骼更加坚固耐用。而镁则参与到骨骼的代谢过程中,有助于钙的吸收和利用,从而进一步促进骨骼的健康发育。通过合理摄入富含钙、镁等营养素的食物,可以有效地强化骨骼结构,为身体提供稳固的支撑。这样一来,在进行各类运动时,骨骼就能够承受更大的压力和冲击,进而降低因骨骼脆弱而导致的运动损伤风险。例如,足球、篮球等高强度运动中,频繁的奔跑、转身和跳跃对骨骼的负荷极大,如果骨骼不够强健,很容易发生骨折或关节脱位等严重损伤。然而,若事先通过营养摄入强化了骨骼,就能在很大程度上避免这类悲剧的发生。此外,除了钙和镁,其他营养素如磷、维生素

D 等也对骨骼健康有所贡献。因此,应该保持均衡的饮食,确保各种营养素的全面摄入。这不仅有助于预防运动损伤,更能提升整体健康水平,让人在享受运动带来的快乐的同时,也保障了自身的安全。

## 三、体育训练与合理营养的结合策略

### (一)制订个性化饮食计划

制订个性化饮食计划是追求健康生活和运动表现的关键一步。每个人的身体状况、训练目标和口味偏好都是独一无二的,因此,一份"一刀切"的饮食计划往往难以满足个体的具体需求。为了确保摄入的营养素种类齐全、数量充足且比例合理,需要根据个人的实际情况来量身定制饮食方案。首先,了解个人的身体状况是至关重要的。例如,对于一位高血压患者,饮食中就需要严格控制盐分摄入;而对于糖尿病患者,则需要关注碳水化合物的类型和摄入量。其次,训练目标也直接影响着饮食计划的制订。增肌者需要摄入更多的蛋白质和适量的碳水化合物来支持肌肉生长和恢复;而减脂者则应注重控制总热量摄入,同时确保蛋白质、纤维以及维生素和矿物质的充足。此外,口味偏好也不容忽视。一个人可能喜欢辛辣、酸甜或清淡的食物,因此在制订饮食计划时,应尽可能考虑到这些因素,以确保饮食的可持续性和个体的满足感。

### (二)注重餐前餐后的营养补充

注重餐前餐后的营养补充对于体育训练来说至关重要,因为它直接关系到训练效果、身体恢复以及长期的运动表现。训练前的营养摄入尤为关键,特别是碳水化合物的合理摄取。碳水化合物是运动中的主要能量来源,适当摄入可以确保在训练过程中有稳定的能量供应,避免因能量不足而导致的运动表现下降。比如,可以吃一些燕麦、全麦面包或低糖水果等富含碳水化合物的食物,它们能够缓慢释放葡萄糖,为接下来的训练提供持久的能量。训练后的营养补充同样不容忽视。训练后,身体进入了一个肌肉生长和修复的关键时期,此时及时补充蛋白质和碳水化合物显得尤为重要。蛋白质是肌肉生长和修复的基本物质,能够帮助肌肉纤维重建,并促进新的肌肉组织生成。同时,摄入适量的碳水化合物也很重要,因为它们可以迅速补充训练中消耗的能量,促进胰岛素的分泌,从而帮助蛋白质和其他营养素更好地进入肌肉细胞,加速恢复过程。例如,训练后可以喝一杯含有乳清蛋白的奶昔,配上一些复合碳水化合物,如米饭或全麦面包,这样既能迅速补充能量,又能促进肌肉的恢复和生长。

## (三)保持良好的水分状态

保持良好的水分状态对于运动者来说至关重要。运动过程中,身体会因为出汗而失去大量水分,若不及时补充水分,很容易导致脱水。脱水不仅会影响运动表现,使身体机能下降,还可能对身体健康造成潜在的威胁。因此,无论是在运动前、运动中还是运动后,都应该注重水分的摄入。在运动前,提前补充水分可以帮助身体建立良好的水合状态,为即将到来的运动做好准备。运动中,要定时定量地补充水分,以确保身体持续排汗和调节体温的能力不受影响。运动后,及时补充水分则有助于身体快速恢复,排出代谢废物,并重新建立正常的水平衡。此外,水分的摄入并不仅仅局限于纯水,还可以通过运动饮料、含水果汁的饮品等来补充,这些饮品还能同时提供电解质和能量。但需要注意的是,避免摄入过多含糖或刺激性成分的饮料,以免对身体造成负面影响。

## (四)避免过度饮食或节食

避免过度饮食或节食是体育训练中不可忽视的一环。过度饮食往往让人们摄入过多的热量,这些多余的热量如果没有被及时消耗,就会转化为脂肪堆积在体内,导致体重增加。体重的增加不仅会影响身体的灵活性和速度,还可能增加关节的负担,进而对运动表现产生负面影响。另一方面,节食看似是一种快速减重的方法,但实际上却可能带来一系列问题。长期的节食容易导致营养不良,身体无法获得足够的维生素和矿物质来维持正常的生理功能。同时,节食还会造成能量摄入不足,使得身体在训练中缺乏足够的能量支持,训练效果自然大打折扣。更为严重的是,节食可能引发饥饿感和营养不均衡,从而导致身体机能下降,免疫力下降,甚至引发伤病。因此,保持适度的饮食量,确保营养均衡是至关重要的。合理的饮食应该包含适量的碳水化合物、蛋白质、脂肪以及各种维生素和矿物质。通过多样化的食物选择,可以更好地满足身体的营养需求,为训练提供有力的支持。同时,要根据自己的身体状况、训练量和目标来调整饮食,避免盲目跟风或极端饮食行为。只有这样,才能在保持健康的同时,不断提升自己的运动表现。

## (五)定期检查身体状况

定期检查身体状况是维持最佳身体状态和训练效果的关键环节。在运动训练的过程中,身体会发生各种变化,有些变化是积极的,比如肌肉量的增加,而有些则可能是需要警惕的,如体脂率的上升。通过定期检查,可以及时了解自己身体的各项指标,包括体重、体脂率、肌肉量等,从而对自己的健康状况有一个清晰的认知。这些检查数据不仅反映了当前的身体状况,还是调整饮食计划和训练计划的重要依据。例如,如果发现体重上升、体脂率增加,那就意味着需要更加严格控制饮食,增加有氧运动来消耗多余的脂肪。反之,如果肌肉量没有明显增长,则可能需要增加力量训练,同时调整饮食中的蛋白质摄入,以促进肌肉的合成。除了这些基本的身体指标,定期检查还可以包括血压、血糖、血脂等更为详细的健康数据。这些数据有助于发现潜在的健康问题,及时采取措施进行干预。毕竟,健康的身体才是持续训练和提高运动表现的基础。所以,定期检查身体状况不仅是为了保持最佳的训练效果,更是对自己健康负责的表现。通过科学的数据分析,能够更加精准地了解自己的身体状况,制订出更为合理的饮食和训练计划,从而在追求运动表现的同时,也确保了身体的健康和安全。

# 第三节　体育训练对人产生的积极影响

## 一、提升身体素质

### (一)增强肌肉力量

体育训练在提升个体肌肉力量方面扮演着至关重要的角色,特别是力量训练,它被视为增强肌力的有效途径。在现代社会中,人不仅需要面对日益增加的工作压力,还要应对各种生活中的挑战,因此,拥有强健的肌肉力量显得尤为重要。力量训练通过科学的抗阻锻炼,能够刺激肌肉纤维的增粗和力量的增长,进而提升人的身体机能。力量训练对人体有多方面的益处。首先,在力量训练过程中,肌肉受到适度的刺激后会产生微小的损伤,随后在休息期间得到修复和重建,从而使肌肉纤维变得更加粗壮有力。这一过程不仅增强了肌肉的力量和耐力,还提高了基础代谢率,有助于塑造健美的身材。其次,强大的肌肉力量可以让人在日常生活中更加轻松自如。无论是搬运重物、爬楼梯,还是进行户外活动,强健的肌肉都能为人提供更好的支持和保护。此外,力量训练还有助于改善身体姿势,预防因长期坐姿不良或缺乏运动而导致的肌肉失衡和疼痛问题。更为重要的是,增强肌肉力量还能有效预防因力量不足而导致的意外伤害。在日常生活中,人难免会遇到需要突然用力或承受额外负重的情况,如果肌肉力量不足,就容易导致扭伤、拉伤等意外损伤。人们通过力量训练提升肌肉力量,可以更好地应对这些突发情况,保护身体免受伤害。力量训练并非一蹴而就的过程,而是需要持续、系统的锻炼。在制订力量训练计划时,应根据自身的身体状况和运动经验来选择合适的训练强度和方式。同时,保持良好的饮食习惯和充足的休息也是提升肌肉力量的关键因素。

## (二)提高心肺功能

有氧运动,如跑步、游泳等,被广泛认为是提高心肺功能的有效途径。心肺功能是指心脏和肺部在运输氧气和营养物质到全身各组织以及排除代谢废物方面的效率。良好的心肺功能是维持人体健康、提升身体耐力的基石。有氧运动能够显著提高心脏的泵血能力和肺部的氧气交换效率。在运动过程中,心脏需要泵出更多的血液以满足全身组织对氧气的需求,而肺部则需要更高效地吸入氧气并排出二氧化碳。这种锻炼使得心肺系统逐渐适应高强度的活动,从而在日常生活中也能表现出更好的身体状态。提高心肺功能对于预防心血管疾病具有重要意义。心血管疾病是全球范围内的主要健康问题之一,而良好的心肺功能可以有效降低患心血管疾病的风险。有氧运动能够加强心脏的收缩力,改善血液循环,降低血压和血脂水平,从而减少动脉粥样硬化的可能性。此外,提升心肺功能还有助于增强身体耐力。耐力是指身体在长时间活动或疲劳状态下的持久能力。有氧运动通过增加心肺系统的容量和效率来提高身体的耐力水平,使在进行长时间活动或应对高强度工作时更加游刃有余。为了获得最佳效果,建议每周进行至少 150 分钟的中等强度有氧运动或 75 分钟的高强度有氧运动。这可以根据个人的身体状况和运动偏好来灵活调整。同时,保持合理的饮食和充足的休息也是提高心肺功能不可忽视的方面。

## (三)改善身体柔韧性

身体的柔韧性是指关节活动范围和肌肉伸展性的综合体现。良好的柔韧性不仅有助于提升运动表现,还能预防运动损伤。拉伸和瑜伽等训练方式是改善身体柔韧性的有效手段。拉伸训练通过缓慢、静态或动态的伸展动作来增加肌肉的伸展性和关节的活动范围。这种训练方式可以帮助缓解肌肉紧张、提高关节灵活性,并减少因肌肉僵硬而导致的运动损伤风险。瑜伽则是一种融合了体式、呼吸和冥想的综合运动方式,它不仅能够改善身体的柔韧性,还有助于提升身心的平衡与和谐。改善身体柔韧性对于运动员和普通人群都具有重要意义。对于运动员而言,良好的柔韧性有助于提高运动技能和减少运动损伤;对于普通人群来说,增加柔韧性可以改善姿势、缓解肌肉疲劳和预防日常生活中的意外伤害。在进行拉伸和瑜伽等柔韧性训练时,需要注意正确的姿势和呼吸方法。避免过度拉伸或扭曲以免造成损伤,同时保持呼吸顺畅以帮助身体更好地放松和伸展。此外,持之以恒地进行柔韧性训练才能获得长期的效果。

### (四)控制体重和体型

在当今社会,肥胖和超重已经成为普遍的健康问题。体育训练,特别是有氧运动结合力量训练的方式,被证明是控制体重和塑造健康体型的有效手段。体育训练能够加速新陈代谢,这意味着身体在休息时也能消耗更多的热量。新陈代谢是指身体在维持基本生命活动过程中所消耗的热量。通过有氧运动和力量训练的结合锻炼,可以提高基础代谢率,使身体在静息状态下也能持续燃烧热量,从而有助于控制体重。此外,体育训练还能促进脂肪的燃烧。有氧运动如跑步、游泳等可以加速脂肪的分解和代谢,而力量训练则有助于增加肌肉量,进一步提高基础代谢率并塑造紧致的体型。这种综合锻炼方式不仅能够帮助减轻体重,还能塑造出更加健康和美观的身材。控制体重和体型对于预防肥胖、糖尿病等慢性疾病具有重要意义。肥胖是多种慢性疾病的危险因素之一,包括心血管疾病、糖尿病和某些癌症等。通过体育训练来保持健康的体重和体型,可以有效降低患这些疾病的风险并提高整体健康水平。

## 二、促进心理健康

### (一)缓解压力和焦虑

在快节奏的现代社会中,压力和焦虑似乎已经成为人们生活中难以避免的一部分。无论是来自工作的压力、家庭的责任,还是社会的期望,这些都可能让人们感到不堪重负。然而,运动被证明是一种极为有效的压力释放方式,能够帮助人们在紧张忙碌的生活中找到片刻的宁静。当人们投身于运动时,无论是跑步、游泳、瑜伽还是其他任何形式的体育锻炼,身体都会释放出累积的紧张情绪。随着汗水的流淌,人们会感到一种前所未有的轻松和愉悦,仿佛卸下了千斤重担。这是因为运动能够刺激身体产生内啡肽等化学物质,这些物质具有天然的镇痛和抗抑郁作用,能够有效地减轻心理压力和焦虑感。除了化学物质的作用外,运动还能帮助人们转移注意力,将焦点从压力和焦虑的源头上移开。在运动中,人们需要集中注意力以完成各种动作和技巧,这种专注的状态能够让人们暂时忘记烦恼,从而得到心灵的放松和舒缓。更为重要的是,运动还能帮助人们建立积极的生活态度和心态。通过不断地挑战自己、超越自己,人们会逐渐学会如何面对压力、如何调整心态。这种积极向上的生活态度不仅能够帮助人们更好地应对当前的困境,还能够为未来的生活奠定坚实的基础。

## (二)提升自信和自尊

在体育训练的过程中,每一次进步和成就都会让个体感受到成功的喜悦和满足感。当在运动中突破自己的极限,完成一个又一个的挑战时,这种成就感会油然而生。这种积极的反馈不仅是对努力的肯定,更是对自身价值的认可。随着运动能力的提升,人的自信心也会逐渐增强。当人意识到自己能够通过努力达到预期的目标时,就会更加相信自己的能力。这种自信不仅会在运动场上展现出来,还会渗透到日常生活的方方面面。人会变得更加勇敢、更加果断,更有力量去迎接生活中的各种挑战。同时,运动还能帮助提升自尊心。自尊心是指个体对自己价值和能力的评价和感受。在体育训练中,人会不断地挑战自己、超越自己,这种过程会让人更加珍视自己的努力和付出。当看到自己的进步和成就时，就会更加尊重自己、更加爱护自己。这种自尊心的提升会让人更加坚定地走自己的路，不受外界负面评价的影响。

## （三）改善睡眠质量

良好的睡眠质量对于维持身心健康的重要性不言而喻。然而，在现代社会中，很多人都面临着睡眠问题。失眠、多梦、易醒等症状困扰着越来越多的人。适度的运动能够为改善睡眠质量提供有力的帮助。通过运动消耗多余的能量，人们会更容易感到疲劳和困倦。这种感觉会促使人们更早地进入睡眠状态，并且睡得更加深沉。同时，运动还能调节人体的生物钟，使人们的睡眠周期更加规律。这种规律的睡眠习惯不仅有助于恢复体力，还能提高人们的工作效率和生活质量。此外，运动还能缓解压力和焦虑等负面情绪，这些情绪是影响睡眠的重要因素之一。通过运动释放压力、放松心情，人们会更容易进入平静、放松的状态，从而有助于入睡并保持良好的睡眠质量。

## （四）预防和治疗心理疾病

近年来，心理疾病如抑郁症、焦虑症等的发病率逐年上升，给人们的身心健康带来了极大的威胁。然而，运动作为一种天然、无副作用的治疗手段，在心理治疗领域正逐渐受到越来越多的关注和应用。运动能够刺激身体释放内啡肽等化学物质，这些物质具有抗抑郁、抗焦虑的作用。对于轻度到中度的抑郁症和焦虑症等心理疾病患者来说，定期进行适量的运动可以有效地缓解症状、改善心境。同时，运动还能帮助患者建立积极的生活态度、增强自信心和自尊心，从而更好地应对疾病带来的挑战。除了直接的化学作用外,运动还能为患者提供一个社交的平台。在运动中,人们可以结识新朋友、分享彼此的经验和感受。这种社交支持对于心理疾病患者来说是非常重要的,它能够帮助患者更好地融入社会、减轻孤独感,并寻找到生活的乐趣和意义。因此,运动不仅是一种身体锻炼方式,更是一种心理治疗方法,为人们的身心健康保驾护航。

## 三、培养社交能力

### (一)增强团队合作意识

在众多的体育运动中,团队项目占据了很大一部分。无论是足球、篮球还是排球,这些运动都需要团队成员之间的紧密合作才能达到最佳状态。而正是在这样的合作过程中,每个团队成员的团队合作意识得以增强。团队合作的体育项目要求每个成员都必须明确自己的角色和任务。在这个过程中,成员们需要学会如何与他人进行有效的沟通和协调。例如,在篮球比赛中,控球后卫需要准确地传球给空位的队友,而前锋则需要及时跑位接应。其中的每一个环节,都离不开成员之间的默契配合和沟通。通过这样的合作,成员们不仅提升了自己的技术水平,还更加明白了团队合作的重要性。面对比赛中的困难和挑战,团队成员需要相互鼓励和支持,共同寻找解决问题的方法。这种共克时艰的经历,能够进一步加深团队成员之间的信任和依赖,从而培养出更加牢固的团队合作精神。而这种精神,不仅仅是在体育场上有用,更能够影响到团队成员的日常生活和工作态度。通过不断的团队训练和比赛,成员们会逐渐形成一种默契和团队文化。他们会更加珍惜彼此之间的合作机会,也会更加懂得如何为了团队的共同目标而努力。这种团队合作意识的培养,不仅有助于提升团队的整体战斗力,还能够让成员们在合作中找到成就感和归属感。

## (二)拓展社交圈子

参与体育运动不仅是一种锻炼身体的方式,更是一个拓展社交圈子的有效途径。在各种体育活动中,人们有机会结识来自不同背景、不同职业的新朋友,从而丰富自己的社交生活。体育运动为人们提供了一个自然的社交场合。在球场上、在健身房里,人们可以轻松地与他人展开对话,分享彼此的运动经验和心得。这种共同的兴趣爱好使得人们更容易找到共同话题,进而拉近彼此的距离。通过参与体育运动,人们还可以接触到各种不同类型的伙伴。这些伙伴可能有着不同的职业、年龄和性格,但他们都对体育运动有着共同的热爱。在与这些伙伴的交往中,人们可以拓宽自己的视野,了解更多的文化和观念,从而丰富自己的人生经历。体育运动中的社交不仅仅局限于运动场上。在比赛结束后,人们往往会一起聚餐、交流心得,甚至建立起长期的友谊。这种社交圈子的拓展,不仅能够让人们的生活更加丰富多彩,还可能为未来的职业发展和人生道路带来更多的机遇和可能性。

## (三)提升领导能力

在体育训练中,个体有机会担任领导角色,如队长、教练或团队组织者等。这种经历对于培养个体的领导能力和管理技巧具有重要意义。担任领导角色需要个体具备全局观念和战略眼光。他们需要全面了解团队成员的特点和能力,以便进行合理的分工和布局。同时,他们还需要根据比赛形势和对手情况制定出相应的战术和策略。这种对整体形势的把握和决策能力,是领导者必备的重要素质。领导者需要在团队中发挥榜样和带头作用。他们需要以身作则,通过自己的言行来激励和鼓舞团队成员。在训练中,领导者要带领团队成员克服困难、挑战自我;在比赛中,领导者要带领团队保持冷静、应对各种突发情况。这种身先士卒的精神和勇于担当的态度,能够激发团队成员的斗志和凝聚力。领导者还需要具备良好的沟通能力和协调能力。他们需要与团队成员保持密切的沟通,了解他们的想法和需求,及时解决团队内部出现的矛盾和问题。同时,领导者还需要协调好团队与外部的关系,为团队争取更多的资源和支持。这种沟通能力和协调能力是领导者在管理工作中不可或缺的重要技能。通过担任体育训练中的领导角色,个体能够全面提升自己的领导能力和管理技巧。这些经验和技能不仅可以在体育领域发挥作用,还可以迁移到个体的日常生活和职业生涯中,为未来的发展奠定坚实的基础。

## 四、提高认知能力

### (一)改善注意力和专注力

在现代社会中,人面临着无数的干扰和诱惑,这使得保持注意力和专注力变得越来越困难。然而,体育运动提供了一个独特的训练平台,通过在运动中锻炼注意力和专注力,人能够在日常生活中更好地应对这些挑战。体育运动,尤其是那些需要高度集中注意力的项目,如乒乓球、羽毛球等,要求个体在运动过程中时刻保持警觉,对快速变化的环境和情况做出迅速反应。这种训练不仅提高了人在运动场上的表现,更重要的是,它强化了的注意力和专注力机制。当在进行体育运动时,大脑处于高度活跃状态,需要处理大量的视觉、听觉和动觉信息。为了准确地判断球的位置、速度和方向,必须集中注意力,忽略外界的干扰。这种在运动中培养出来的专注力,会逐渐迁移到人的日常生活和工作中。你会发现,在处理复杂任务或学习新知识时,自己能够更加专注,从而提高工作效率和学习效果。此外,体育运动中的团队合作和竞技对抗也要求时刻保持警觉,关注队友和对手的动态。这种对环境的敏锐感知和快速适应能力,同样有助于在日常生活中更好地应对各种突发情况和挑战。因此,人通过参与体育运动,不仅能够锻炼身体,还能在无形中提升自己的注意力和专注力水平,为日常生活和工作带来更多便利和成功。

## (二)增强反应速度和决策能力

在快节奏的现代社会,时常需要在有限的时间内做出重要的决策,而反应速度和决策能力则显得尤为重要。体育运动,特别是对抗性运动,提供了一个锻炼这些能力的极佳环境。在对抗性运动中,如篮球、足球等,场上的形势瞬息万变。运动员不仅需要快速判断对手的动作和意图,还需要在短时间内做出反应,选择最佳的应对策略。这种高强度的训练,使得运动员的反应速度和决策能力得到了极大的提升。举个例子,篮球比赛中的快速攻防转换,要求运动员在极短的时间内做出是否投篮、传球或突破的决策。这样的决策过程,不仅考验运动员的技术水平,更考验他们的反应速度和决策能力。通过不断的比赛和训练,运动员会逐渐形成一种直觉性的决策方式,即在极短的时间内做出最优的选择。而这种训练所带来的好处并不仅仅局限于运动场。在日常生活中,也时常需要面对各种突发情况,需要在有限的时间内做出决策。通过体育运动锻炼出来的反应速度和决策能力,将帮助人更加从容地应对这些情况,减少因为犹豫不决或反应过慢而造成的损失。

因此,体育运动不仅是一种身体锻炼方式,更是一种心智训练。它能够帮助人提高反应速度和决策能力,从而更好地应对生活中的各种挑战。

## (三)促进大脑发育和智力提升

近年来,越来越多的科学研究表明,适度的体育运动对大脑发育和智力提升有着显著的影响。这不仅仅是因为运动能够促进身体健康,更是因为它在认知功能方面起到了至关重要的作用。首先,体育运动能够促进大脑神经元的生长和连接。当进行有氧运动时,大脑会释放一种名为脑源性神经营养因子的物质,这种物质有助于神经元的生长和存活。随着时间的推移,这些新生长的神经元会相互连接,形成一个更加复杂和高效的大脑网络,从而提高人的认知能力和智力水平。其次,体育运动中的问题解决和策略制定也有助于锻炼个体的思维能力。以团队运动为例,运动员不仅需要在场上快速做出决策,还需要与队友进行有效的沟通和协作。这种过程不仅锻炼了运动员的反应速度和决策能力,还提高了他们的逻辑思维和创造性思维能力。除此之外,体育运动还能帮助人缓解压力、改善情绪,并提高睡眠质量。这些因素都直接或间接地影响着大脑的功能和智力发展。例如,良好的睡眠质量有助于大脑进行记忆巩固和信息处理,从而提高人的学习和工作效率。

# 第三章　体育教育中身体素质的体能训练

## 第一节　肌肉力量训练方法

### 一、自由重量训练

#### （一）哑铃训练

哑铃训练,作为一种经典的健身方式,广泛应用于各类锻炼者中,无论是健身爱好者还是专业运动员。其独特的魅力在于其灵活性和多样性,能够针对性地锻炼身体的各个部位,尤其是上肢和肩部。哑铃训练不仅可以帮助塑造健美的身材线条,还能显著增强肌肉力量和耐力。通过选择不同重量的哑铃,锻炼者可以根据自己的身体状况和训练目标进行个性化的训练计划。无论是轻盈的小哑铃还是沉甸甸的大哑铃,都能找到适合自己的训练强度。弯举、推举、侧平举等一系列动作,不仅可以让肌肉得到全面的拉伸和压缩,还能在不同角度刺激肌肉纤维,从而促进肌肉的生长和力量的提升。在哑铃训练中,每一个动作都需要确保准确无误,这样才能最大限度地发挥训练效果,同时避免不必要的运动损伤。例如,在进行弯举时,要注意动作的流畅性和控制力,确保哑铃在举起和放下的过程中保持稳定。推举和侧平举同样需要精确的动作控制和呼吸配合,以达到最佳的训练效果。此外,哑铃训练的另一个优点是方便易行。不受场地和时间的限制,只要有一对哑铃,就可以随时随地进行锻炼。这种便携性和灵活性使得哑铃训练成为现代人追求健康生活方式的理想选择。图3-1哑铃训练。

**图 3-1　哑铃训练**

## (二)杠铃训练

杠铃训练,作为力量训练中的一项重要内容,被广大健身爱好者和专业运动员所青睐。其独特的训练效果在于能够全面增强全身的力量,特别是通过深蹲、硬拉等复合动作,使得多个肌群得到协同锻炼。这些动作不仅考验锻炼者的力量,更对其协调性、稳定性和耐力提出了挑战。在深蹲过程中,杠铃训练可以有效地激活臀大肌、腿部肌肉,使得这些部位的力量得到显著提升。同时,深蹲还对核心肌群有着极高的要求,需要锻炼者在保持稳定的同时,调整呼吸、控制力量输出,以达到最佳的训练效果。硬拉更是对全身力量的极致挑战。它要求锻炼者从地面拉起沉重的杠铃,这一过程中,不仅腿部、臀部和背部的肌肉会得到充分的锻炼,连腹部和肩部的稳定肌群也会被激活,以维持身体的平衡和稳定。除了深蹲和硬拉,杠铃训练还包括了卧推、推举等多种动作,每一种都能针对性地锻炼到身体的特定部位,从而实现力量的全面提升。此外,杠铃训练的另一个显著优点是它能够根据锻炼者的身体状况和训练目标进行重量的灵活调整。这种可调性使得杠铃训练适合各种水平的锻炼者,无论是初学者还是资深健身者,都能找到适合自己的训练强度。图3-2杠铃训练。

图3-2　杠铃训练

## 二、固定器械训练

### (一)腿部推蹬机

腿部推蹬机,这一专业健身器械,专注于锻炼人的腿部肌肉,尤其是大腿前侧的股四头肌,它是塑造健硕双腿的得力助手。在使用腿部推蹬机的过程中,可以深切感受到每一次推蹬所带来的肌肉紧绷与放松,这种反复的刺激正是肌肉增长与力量提升的关键。通过调整器械的阻力,人能够根据自己的身体状况和训练需求,逐渐增加训练的强度。这种个性化的训练方式,不仅能够循序渐进地挑战自己的体能极限,还有助于避免过度训练所带来的伤害。随着阻力的增加,每一次推蹬都变得更加艰难,但正是这种挑战,激发斗志,促使人不断突破自我。在腿部推蹬机的辅助下,腿部肌肉得到了充分的锻炼,特别是股四头肌,这一大腿前侧的重要肌肉群。通过持续而科学的训练,可以明显感受到腿部力量的提升,这种力量不仅仅是肌肉体积的增大,更是实实在在的力量输出和耐力的增强。此外,腿部推蹬机的使用还具有一定的安全性。在固定的轨迹内进行推蹬,减少了因动作不规范而可能导致的运动损伤。这种安全保障让人能够更加专注于训练本身,而不用过分担心受伤的风险。图 3-3 腿部推蹬机。

图 3-3　腿部推蹬机

## (二) 背部拉伸机

背部拉伸机,这一独特的健身器械,为锻炼背部肌肉提供了高效且安全的方式。它主要针对背部的重要肌肉群,尤其是背阔肌和斜方肌,通过特定的拉伸和压缩动作,能够精准地刺激这些肌肉,进而达到增强背部肌肉力量和耐力的效果。使用背部拉伸机时,可以感受到背部肌肉在拉伸与压缩过程中的紧张与放松。这种动态的训练方式,不仅有助于肌肉的生长和发展,还能提高肌肉的柔韧性,减少背部疼痛和僵硬的风险。同时,通过逐步增加训练的强度和时长,可以逐渐挑战自己的体能极限,实现背部肌肉力量的稳步提升。值得一提的是,背部拉伸机的设计充分考虑了人体工学和安全性。其固定的运动轨迹和稳定的支撑结构,确保了锻炼者在训练过程中的安全,降低了因动作失误而引发的运动损伤风险。这种科学的设计,使得锻炼者能够更加专注于训练,无须过多担心安全问题。图3-4背部拉伸机。

图3-4　背部拉伸机

## 三、自重训练

### (一)俯卧撑

俯卧撑,这一无需器械、简便易行的锻炼方式,早已成为健身爱好者们提升上肢与胸部肌肉力量的经典之选。在进行俯卧撑时,身体与地面的平行关系,以及手臂与肩部的协同运动,共同构成了一个能全面锻炼上半身肌肉的动作。通过细微的调整,如手臂间距的宽窄、身体姿势的前倾或后仰,可以精准地锻炼到不同部位的肌肉,实现个性化的训练目标。当进行标准的俯卧撑时,胸部、肩部、手臂乃至核心肌群都会得到充分的锻炼。胸部肌肉在推地的过程中得到拉伸与收缩,从而增强胸肌的力量与耐力。同时,三角肌与手臂的肱三头肌也在这一动作中得到有效的刺激,使得上肢的整体力量得到提升。此外,为了保持身体的稳定性,核心肌群也会参与其中,进一步强化了腰腹部的力量。除了标准俯卧撑,还可以通过改变手臂的间距来侧重锻炼不同的肌肉群。宽距俯卧撑能更有效地锻炼到胸肌的外侧,而窄距俯卧撑则更多地激活肱三头肌与内侧胸肌。此外,通过将手或脚抬高,还可以增加动作的难度,进一步挑战自己的体能。俯卧撑的简便性与高效性使其成为适合各年龄层人群的锻炼方式。无论是初学者还是资深健身者,都能通过俯卧撑这一动作找到适合自己的训练强度与方式,从而实现力量的增长与体能的提升。图 3-5 俯卧撑。

**图 3-5 俯卧撑**

（二）深蹲

深蹲,这一简单而又高效的锻炼动作,被誉为锻炼腿部和臀部肌肉的黄金动作。它不仅能够有效地刺激大腿、小腿以及臀部的肌肉群,还能在一定程度上锻炼到核心肌群,对于提升全身力量和身体协调性有着显著的效果。在进行深蹲时,保持正确的姿势至关重要,这不仅能确保锻炼效果最大化,还能避免不必要的运动损伤。在深蹲的过程中,需要确保双脚平稳地站立,与肩同宽或稍宽,脚尖稍微外展。保持背部挺直,肩胛下沉,腹部收紧,然后深吸一口气,稳定核心,开始慢慢下蹲。在下蹲的过程中,要注意膝盖与脚尖的方向一致,避免膝盖内扣或外翻,以减少对膝关节的压力。同时,保持腰背始终挺直,避免腰椎过分弯曲。随着深蹲的深度逐渐增加,腿部和臀部的肌肉会得到更加充分的拉伸和压缩,从而更有效地刺激肌肉生长。而逐渐增加深蹲的次数,则能够进一步提升腿部肌肉的耐力和力量。这种锻炼方式不仅能够帮助塑造健美的腿部线条,还能在日常生活中提高人的行走、奔跑和跳跃能力。深蹲虽然看似简单,但其中蕴含的锻炼价值却不容小觑。只要能够坚持并保持正确的姿势进行深蹲训练,就能够感受到腿部和臀部肌肉的明显变化,享受到深蹲带来的健康与力量。图 3-6 深蹲。

（三）引体向上

引体向上,这一高强度动作,对于锻炼上肢和背部肌肉效果卓著。它要求锻炼者以自身力量将整个身体拉起,直至下巴超过横杆,这不仅对肌肉力量有着极高的要求,更是对意志和耐力的严峻考验。在进行引体向上的过程中,上肢的肱二头肌、前臂肌肉以及

**图 3-6　深蹲**

背部的背阔肌、大圆肌等都会得到充分的锻炼,有助于提升上肢的拉力和背部的稳定性。然而,引体向上的难度相对较高,对于初学者来说可能会有些吃力。因此,初学者可以借助辅助器械或弹力带来降低起始难度,让自己能够逐渐适应并提高。使用这些辅助工具,可以帮助初学者更好地掌握动作要领,减少因力量不足而导致的挫败感,同时也有助于避免运动损伤。随着力量的增长和技术的熟练,锻炼者可以逐渐减少辅助器械或弹力带的帮助,直至能够独立完成引体向上。这一过程不仅是对肌肉力量的提升,更是对个人意志和自信心的培养。当锻炼者能够自如地完成引体向上时,他们会发现自己的上肢和背部肌肉已经变得更加健硕有力,整体的体能和身材也有了显著的改善。图 3-7 引体向上。

## 四、功能性训练

### (一)土耳其起立

土耳其起立,这一独特且富有挑战性的训练动作,如今已成为众多健身爱好者追求良好身体素质的必备练习。它巧妙地将力

图 3-7　引体向上

量、平衡与柔韧性三大训练要素融合在一起,使得锻炼者在完成动作的过程中,不仅能够强化肌肉,还能提升身体的协调性和稳定性。当锻炼者手持哑铃或杠铃,从躺姿到站立的过程中,全身多个部位的肌肉都会被有效地激活和锻炼。这个动作要求锻炼者先平躺在地上,双手紧握哑铃或杠铃,然后逐渐起身,直至完全站立。在这一系列流畅的动作中,腿部、臀部、腹部和背部的肌肉都在协同工作,以确保身体的稳定和平衡。特别是在起立的过程中,腿部肌肉需要提供强大的推力,而核心肌群则要保持身体的稳定,防止因重量而导致的摇摆。除了对肌肉的锻炼,土耳其起立还强调身体的柔韧性和关节的活动范围。在起立的过程中,锻炼者需要确保各个关节的灵活性和流畅性,这不仅能预防运动损伤,还能提高身体的整体运动效率。更为重要的是,通过土耳其起立这种功能性训练,身体的整体力量和协调性会得到显著提升。这种训练方式模拟了日常生活中从躺到站的动作,使得锻炼者在面对突发情况时,能够更加迅速和稳定地做出反应。图 3-8 土耳其起立。

图 3-8　土耳其起立

## （二）农夫行走

农夫行走,这一看似简单的锻炼方式,实则蕴含着深厚的训练价值。当手持重物进行长距离行走时,身体多个部位的肌肉都会被全面激活,从而达到全方位锻炼的效果。腿部肌肉在行走过程中提供前进的动力,不断地推地抬起,使得大腿、小腿的肌肉群得到充分锻炼,力量与耐力得以提升。同时,背部肌肉为了保持身体的稳定和重物的平衡,也在不断地进行微调与收缩。肩部肌肉则负责承载重物的重量,维持手臂的稳定,防止重物滑落。这一动作不仅强化了肌肉,更在行走的过程中,使心肺功能得到了锻炼。长距离的行走,伴随着重物的负荷,让心率逐渐上升,呼吸变得急促。为了供应足够的氧气和养分,心肺系统必须更加高效地工作,从而增强了心肺的耐力和健康水平。这种锻炼方式对于想要提高全身力量、塑造肌肉线条,同时又希望增强心肺功能的人来说,无疑是一种非常有效的训练方法。此外,农夫行走还是一种功能性的训练。在日常生活中,人经常需要携带重物行走,通过农夫行走的训练,可以更好地应对这类实际场景,提高生活的便利性和安全性。而且,这一动作无须特别的器械,只需一对哑铃或者任何可以手持的重物,即可随时随地进行锻炼,非常方便实用。总的来说,农夫行走是一种既能增强肌肉力量,又能提升心肺功能的全面锻炼方式,值得每个人尝试和坚持。图3-9农夫行走。

**图3-9　农夫行走**

# 第二节　耐力素质训练方法

## 一、有氧耐力训练

### (一)持续训练法

这种方法是耐力训练中最为基础和重要的一种,其核心特点在于采用相对较低的运动强度,但持续时间较长,且练习过程中不间断。通过这种方式,可以有效地提高心肺功能,进而促进有氧代谢能力的发展。在实施这种训练方法时,关键在于控制练习的持续时间和运动强度。通常,练习时间会超过 30 分钟,这是为了确保身体能够充分适应并受益于这种持续的有氧运动。而运动强度的控制则更为关键,它应该被设定在个体最大心率的 60%～75%。这个范围的心率能够保证身体在有足够氧气供应的情况下进行运动,从而避免过早进入无氧代谢状态,让运动员能够更长时间地保持稳定的运动表现。这种训练方法的效果是显著的,特别是对于提高运动员的基础耐力水平。通过持续的有氧运动,心肺系统会得到充分的锻炼,变得更加强健和高效。这意味着在长时间的比赛中,运动员能够更好地应对氧气供应的需求,减少疲劳感,保持稳定的运动状态。

## (二)间歇训练法

间歇训练法是一种高效且科学的训练方法,它通过严格控制练习的间歇时间,让运动员在机体尚未完全恢复的情况下就投入到下一次的练习中。这种训练方法的核心在于利用间歇期来控制身体的恢复程度,以此激发身体的潜能,提升运动员的代谢能力。在实施间歇训练法时,一般采用高强度、短时间的重复练习模式。这种高强度的练习能够使身体在短时间内达到较高的负荷,从而有效地提高机体的无氧代谢能力。而短时间的练习则是为了确保运动员能够在间歇期内得到一定的恢复,以应对下一轮的练习。两次练习之间的间歇时间是间歇训练法的关键。这个时间需要被严格控制,以确保运动员在机体尚未完全恢复的状态下进入下一次练习。通过不断调整练习时间和间歇时间的比例,教练可以逐步增加运动强度,让运动员的身体逐渐适应这种较高的运动负荷。间歇训练法的好处是多方面的。首先,它可以显著提高运动员的无氧和有氧混合代谢能力,使运动员在比赛中能够更好地应对各种复杂情况。其次,这种方法还能够增强运动员的耐力和速度,提升他们在长时间比赛中的表现。最后,通过间歇训练法,运动员可以更好地学会如何在疲劳状态下保持高效的运动表现,这对于提升他们的竞技水平具有重要意义。

## 二、无氧耐力训练

### (一)短时间高强度训练

短时间高强度训练是一种极具挑战性的训练方法,其核心在于通过短暂但高强度的运动来刺激和提升机体的无氧代谢能力。这种训练方法要求运动员在极短的时间内,如30秒到1分钟,进行全力以赴的运动,如全力冲刺,以迅速达到身体的极限。在全力冲刺的过程中,身体需要迅速调动大量的能量来支持这种高强度的运动。由于运动时间极短,身体主要依赖无氧代谢来提供能量,这就对运动员的无氧代谢能力提出了极高的要求。通过反复进行这样的短时间高强度训练,运动员的无氧代谢能力会得到显著的提高。此外,这种训练方法还能有效地提高运动员的爆发力和速度耐力。爆发力是指运动员在短时间内发挥出最大力量的能力,而速度耐力则是指运动员在高速运动中保持速度的能力。短时间高强度训练通过让运动员在短时间内进行极限运动,能够锻炼他们在关键时刻迅速发力并保持高速运动的能力。值得注意的是,虽然短时间高强度训练效果显著,但由于其强度大,对运动员的身体素质和技术水平要求较高。因此,在进行这种训练时,必须根据运动员的实际情况来合理安排训练量和强度,以免过度疲劳造成身体损伤。同时,运动员也应在训练中注重技术的正确性和动作的规范性,以确保训练效果的最大化。

## (二)重复训练法

重复训练法是一种在相对固定的训练条件下,根据特定的训练要求,反复进行相同练习的训练方法。这种训练方法广泛应用于各种体育训练中,其主要目的是发展速度、力量和专项耐力。通过不断重复练习,运动员能够熟练掌握技术动作,并在实践中逐步提高运动表现。在耐力素质训练中,重复训练法发挥着尤为重要的作用。教练可以设计多次重复某一高强度运动的方式,来针对性地提高运动员的耐乳酸能力和速度耐力。耐乳酸能力是指机体在高强度运动中,延缓乳酸堆积和加速乳酸清除的能力,这对于保持运动员在比赛中的持续高水平表现至关重要。通过重复进行高强度运动的练习,运动员的身体会逐渐适应这种运动状态,从而提高在疲劳情况下的运动表现。这种训练方法还有助于增强运动员的意志品质和比赛信心,因为在不断的重复练习中,运动员会经历从疲劳到恢复的过程,这将有助于提升他们的心理承受能力。在实施重复训练法时,教练需要根据运动员的个体特点和训练目标,合理设置练习的强度、次数和间歇时间。同时,运动员也应密切关注自己的身体反应,及时调整训练状态,以确保训练效果的最大化。

## 三、技术耐力训练

### (一)技术耐力训练的核心意义

技术耐力训练,作为体育训练中不可或缺的一环,其核心在于针对特定运动项目的技术要求进行深入、系统的训练。这种训练的最终目标,是使运动员能够在长时间的比赛中,保持技术动作的稳定性和准确性,从而确保优异的运动表现。为什么这一点如此重要呢?因为在许多体育项目中,尤其是在耐力型项目中,技术的稳定发挥往往是胜负的关键。一个小的技术失误,可能就会导致运动员失去领先的优势,甚至影响整个比赛的结果。以长跑项目为例,虽然看似只是简单的跑步动作,但实际上却蕴含了诸多技术细节。运动员的呼吸节奏、步频、步长等,每一个细节都可能影响到跑步的效率和速度。如果运动员在比赛中因为疲劳而导致技术动作变形,那么他们的速度和耐力都会受到严重影响。因此,技术耐力训练帮助运动员在疲劳状态下仍能保持正确的技术动作。

## (二)技术耐力训练的实施方法

实施技术耐力训练,首先需要结合具体运动项目的特点进行针对性设计。不同的运动项目,其技术要求也是截然不同的。因此,教练团队需要对运动项目的技术细节进行深入的分析和研究,找出那些对运动表现影响最大的技术要素,然后围绕这些要素设计训练计划。在长跑项目中,教练可以通过高科技设备,如运动捕捉系统,来精确分析运动员的跑步动作。找出运动员在跑步过程中存在的问题,如步频过快或过慢、步长不合理、呼吸节奏紊乱等。然后,针对这些问题,设计专门的训练计划,帮助运动员进行纠正。此外,模拟比赛场景的训练也是技术耐力训练的重要组成部分。教练可以在训练中模拟比赛的压力和环境,让运动员在接近实战的条件下进行技术练习。这样,不仅可以提高运动员的技术水平,还可以锻炼他们的心理素质和比赛策略。

### （三）技术耐力训练的长期规划与持续改进

技术耐力训练不是一蹴而就的，而是需要长期的规划和持续的改进。教练团队需要根据运动员的实际情况和比赛要求，制订长期的技术耐力训练计划。这个计划应该包括明确的训练目标、合理的训练周期、科学的训练方法以及有效的评估机制。在训练过程中，教练还需要密切关注运动员的反馈和表现，及时调整训练计划。如果运动员在某个技术环节上始终无法取得突破，教练就需要深入分析原因，是训练方法不当，还是运动员的身体素质或心理状态存在问题。然后，根据分析结果，对训练计划进行相应的调整。同时，教练也要鼓励运动员进行自我反思和总结，培养他们的自主学习和改进能力。运动员是训练的主体，只有他们自己能够深刻感受到技术动作的变化和进步，才能更好地配合教练的训练计划，实现技术的持续提升。

## 四、心理耐力训练

### （一）心理耐力的核心意义

心理耐力，这一概念在体育竞技中占据着举足轻重的地位。它不仅是运动员在体能和技术之外的另一种重要能力，更是决定胜负的关键因素之一。在激烈的竞技场上，运动员时常会遇到各种预料之外的情况，如比赛中的失误、对手的强大压力或是现场观众的影响等。在这些关键时刻，心理耐力的作用就显得尤为重要。一个拥有出色心理耐力的运动员，能够在逆境中迅速调整心态，保持冷静的判断，从而有可能扭转比赛的局面。心理耐力的培养不是一朝一夕之功，它需要长期的、系统的训练。这种训练不仅能够帮助运动员提升在比赛中的抗压能力,还能增强他们的自信心和斗志,为取得更好的成绩奠定坚实的心理基础。

## (二)心理耐力训练的方法与实践

心理耐力训练是一项复杂而细致的工作,它要求教练和运动员共同努力,通过科学的方法逐步提升运动员的心理素质。模拟比赛场景是心理耐力训练中常用且有效的方法之一。通过模拟真实的比赛环境,让运动员在相对安全的情境下体验比赛压力,从而学会如何在紧张的氛围中保持冷静和专注。这种训练方式不仅能够帮助运动员熟悉比赛的节奏和氛围,还能让他们在实践中学会如何应对各种突发状况。除了模拟比赛场景,增加比赛压力也是提升心理耐力的重要手段。在训练中,教练可以设置一些障碍或挑战,要求运动员在规定时间内完成。这样的训练不仅能够锻炼运动员的抗压能力,还能培养他们的耐心和坚持不懈的精神。例如,在长跑训练中,教练可以在路线上设置一些额外的障碍物,要求运动员在保持速度的同时,灵活应对这些挑战。这样的训练不仅考验运动员的体能,更是对他们心理素质的一次全面检验。此外,心理辅导和咨询也是心理耐力训练中不可或缺的一环。通过专业的心理辅导,运动员可以更好地了解自己的内心世界,学会如何调整自己的情绪和心态。在面对困难和挑战时,他们能够更加从容地应对,保持最佳的竞技状态。

## (三)心理耐力训练的长期效应与持续发展

心理耐力训练的最终目标是帮助运动员建立起一种积极、坚韧的竞技心态,这种心态不仅能够在短期内提升运动员的比赛表现,更会对他们的长期发展产生深远的影响。通过持续的心理耐力训练,运动员将逐渐学会如何在压力下保持冷静和专注,如何在逆境中寻找突破口,如何在失败后重新振作。这些宝贵的心理素质不仅对于运动员的竞技生涯有着重要意义,更会对他们的人生产生积极的影响。然而,心理耐力训练并不是一劳永逸的。随着运动员竞技水平的提升和比赛环境的变化,他们需要不断地进行心理调整和适应。因此,心理耐力训练应该是一个持续不断的过程,贯穿运动员的整个竞技生涯。教练和运动员需要共同努力,根据实际情况不断调整训练计划和内容,以确保运动员始终保持良好的心理状态。总之,心理耐力是运动员在比赛中不可或缺的重要能力。通过科学、系统的心理耐力训练,可以帮助运动员建立起坚韧不拔的竞技心态,为他们在激烈的比赛中取得优异成绩提供有力的心理支持。

## 五、综合耐力训练

### (一)综合耐力训练的全局视角

综合耐力训练,顾名思义,是一种将多种耐力训练方法融合在一起的综合性训练模式。它不是仅关注运动员某一方面的耐力提升,而是力求在有氧耐力、无氧耐力、技术耐力和心理耐力等多个维度上实现全面提高。这种训练方法的核心价值在于,通过系统性的整合,帮助运动员在长时间的比赛中能够保持稳定的运动表现,从而更好地应对复杂多变的竞技环境。有氧耐力是综合耐力训练的基础,它决定了运动员在持续运动中的能量供应能力。无氧耐力则关系到运动员在短时间内的高强度运动表现。技术耐力确保运动员在疲劳状态下仍能保持技术动作的准确性和稳定性。而心理耐力则是运动员在比赛中面对压力和挑战时能否保持冷静和专注的关键。将这四种耐力训练有机地结合起来,可以形成一个完整、高效的训练体系,从而全面提升运动员的竞技水平。

## (二)综合耐力训练的实施策略与个性化设计

实施综合耐力训练需要精心策划和严谨执行。首先,教练团队需要对运动员进行全面的评估,包括他们的身体状况、技术水平、心理素质以及比赛需求等。基于这些评估结果,教练可以制订出个性化的训练计划,以确保每位运动员都能在最适合自己的训练方案中获得最大的提升。在训练计划的制订过程中,教练需要充分考虑各种耐力训练之间的协同作用。例如,在有氧耐力训练中加入一些技术动作,不仅可以提升运动员的心肺功能,还能巩固和提高他们的技术水平。同样,通过模拟比赛场景的无氧耐力训练,可以同时锻炼运动员的爆发力和心理素质。这种跨界的训练方法有助于运动员在各个方面都能取得显著的进步。此外,综合耐力训练还需要注重训练的周期性和系统性。教练应根据运动员的实际情况和比赛周期,合理安排不同阶段的训练重点,以确保运动员在关键时刻能够达到最佳状态。同时,训练过程中也要密切关注运动员的反馈,及时调整训练计划,以适应他们不断变化的需求。

## (三)综合耐力训练的长远意义与持续发展

综合耐力训练不仅对于运动员的短期成绩提升有显著效果,更对他们的长期发展具有重要意义。通过这种综合性的训练方法,运动员可以建立起坚实的体能基础,掌握丰富的技术动作,并培养出强大的心理素质。这些能力和素质将伴随运动员的整个竞技生涯,成为他们不断突破自我、攀登新高峰的坚实基石。同时,综合耐力训练也强调运动员的自主性和自我管理能力。在训练过程中,运动员需要学会如何根据自己的身体状况和训练目标来调整训练计划,如何在遇到困难时寻求有效的解决方案。这种自主性和自我管理能力的培养,将有助于运动员在退役后更好地适应社会生活,实现人生的多元化发展。综上所述,综合耐力训练是一种全面、系统且富有挑战性的训练方法。它不仅能够显著提升运动员在各方面的耐力素质,还能培养他们的自主性、自我管理能力和强大的心理素质。

# 第三节  柔韧素质训练方法

## 一、静态拉伸法

### (一)腿部拉伸:提升柔韧与力量

腿部拉伸通过针对大腿前后侧肌肉的拉伸,不仅能够提高腿部的柔韧性,还有助于预防运动损伤,提升运动表现。坐位体前屈是一种非常有效的腿部拉伸方法。在进行这个动作时,需要坐在地上,双腿并拢伸直,脚尖向上勾起。然后,需要吸气并收腹,双手臂向前伸直,逐渐向前俯身,尽量让双手触碰到脚尖或更远的地面。在这个过程中,可以感受到大腿后侧的肌肉群被逐渐拉伸开,同时,这个动作也有助于舒缓腰背部的紧张感。通过反复练习,可以逐渐增加双手触碰地面的距离,从而不断提高腿部的柔韧性。除了坐位体前屈,站立时抬高一脚并用手触摸脚尖也是一种非常实用的腿部拉伸方法。这个动作主要针对大腿前侧的肌肉进行拉伸。在进行这个动作时,需要站立稳定,然后抬起一只脚并尽量向上勾起脚尖。接着,需要用同侧的手去触摸抬起的脚尖,并尽量将脚向身体方向拉伸。在这个过程中,可以感受到大腿前侧的肌肉被逐渐拉伸开,同时也有助于提高腿部的灵活性和稳定性。腿部拉伸不仅有助于提高腿部的柔韧性,还可以促进血液循环,缓解肌肉疲劳。对于经常进行跑步、跳跃等高强度腿部运动的人来说,定期进行腿部拉伸是非常必要的。通过长期坚持腿部拉伸训练,人可以拥有更加健康、灵活的腿部肌肉,从而更好地应对各种运动挑战。

## (二)背部拉伸:舒缓紧张与疲劳

背部拉伸是柔韧素质训练中的重要环节,尤其对于经常久坐或长时间保持同一姿势的人群来说,背部拉伸能够有效舒缓背部的紧张和疲劳,增强脊柱的灵活性。猫牛式是一种简单而有效的背部拉伸方法。在进行猫牛式时,需要跪坐在瑜伽垫上,双手和双膝与地面平行。随着吸气,向上推背,使头部和尾骨朝上,形成凹曲的背部,这是牛的姿势;呼气时,向下压背,头部下垂,尾骨朝下,形成凸起的背部,这是猫的姿势。通过反复进行猫牛式,可以感受到背部肌肉的拉伸与放松,从而舒缓背部的紧张和疲劳。除了猫牛式外,还可以采用跪姿、双手伸直撑地、臀部向后坐的方式来拉伸背部和肩部。在进行这个动作时,需要保持跪姿,双手伸直撑在瑜伽垫上,然后逐渐向后坐,让臀部尽量靠近脚跟。在这个过程中,可以感受到背部和肩部的肌肉被逐渐拉伸开,从而增强这些部位的柔韧性和稳定性。背部拉伸不仅有助于舒缓背部的紧张和疲劳,还可以预防和改善背部疼痛等问题。对于经常久坐或进行重体力劳动的人来说,定期进行背部拉伸是非常有益的。通过长期坚持背部拉伸训练,可以拥有更加健康、灵活的脊柱和背部肌肉。

### (三)肩部拉伸:增强灵活与稳定

肩部作为人体的重要关节之一,其灵活性和稳定性对于整体运动表现具有重要影响。通过肩部拉伸,可以有效增强肩部的灵活性和稳定性,预防肩部损伤,提高运动效果。侧平举拉伸是一种针对肩部肌肉的拉伸方法。在进行侧平举拉伸时,需要站立或坐下,将一侧手臂伸直上举,另一侧手臂弯曲并用手掌触摸上举手臂的肘关节。然后,逐渐向对侧拉伸,以感受到肩部肌肉的拉伸感。在这个过程中,需要保持呼吸顺畅并逐渐增加拉伸的力度和时间以增强拉伸效果。通过侧平举拉伸等肩部拉伸训练,可以有效缓解肩部肌肉的紧张和僵硬感,增强肩部的灵活性和稳定性。这对于经常进行上肢运动或需要长时间使用电脑等导致肩部疲劳的人群来说尤为重要。同时,肩部拉伸还有助于预防和改善肩周炎、颈椎病等相关疾病的发生和发展。

## 二、动态拉伸法

### (一)腿部动态拉伸:提升肌肉弹性与爆发力

腿部动态拉伸通过一系列活跃的动作,如高抬腿、踢腿等,来有效增加腿部肌肉的弹性和力量。这种拉伸方式不仅能够帮助运动员预防运动损伤,还能在一定程度上提高运动表现。高抬腿动作是一种简单而高效的腿部动态拉伸方法。在进行高抬腿时,需要站立稳定,然后交替抬起双腿至与地面平行或更高,同时保持一定的速度和节奏。这个动作能够激活大腿前后侧的肌肉群,提高它们的弹性和反应速度。通过反复练习,可以逐渐增加抬腿的高度和速度,从而进一步提升腿部肌肉的力量和爆发力。踢腿动作也是腿部动态拉伸的一种有效方式。在踢腿时,可以向前、向后或向侧面踢出,以拉伸和激活不同部位的腿部肌肉。这个动作不仅能够帮助增加腿部肌肉的弹性,还能够提高腿部的灵活性和协调性。通过定期进行踢腿动作的训练,可以更好地应对运动中的各种挑战,减少腿部肌肉拉伤等运动损伤的风险。腿部动态拉伸的重要性不仅在于预防运动损伤,还在于它能够提升人的运动表现。通过增加腿部肌肉的弹性和力量,可以更快速地做出动作反应,提高跑步、跳跃等运动项目的成绩。因此,在进行任何高强度的腿部运动之前,都应该进行充分的腿部动态拉伸,以确保身体处于最佳状态。

## (二)背部动态拉伸:塑造灵活强健的脊柱

背部动态拉伸通过旋转扭腰、俯卧撑等动态拉伸动作,可以有效地锻炼背部肌肉,增强其柔韧性和稳定性,进而改善体态,并预防背部疼痛和损伤。旋转扭腰是一种非常实用的背部动态拉伸方法。这个动作要求在站立或坐姿下,通过腰部的旋转来拉伸和激活背部肌肉。在旋转过程中,需要保持身体平衡,并逐渐增加旋转的幅度和速度。这样不仅可以提高背部肌肉的柔韧性,还有助于改善腰部的灵活性和协调性。通过长期坚持旋转扭腰的训练,可以塑造出更加灵活强健的脊柱。俯卧撑也是一种能够锻炼背部肌肉的动态拉伸方法。虽然它主要被视为一种上肢力量训练,但在下降和上升的过程中,背部肌肉也得到了充分的拉伸和激活。通过调整俯卧撑的难度和次数,可以针对性地锻炼背部肌肉的力量和耐力。同时,俯卧撑还有助于增强核心肌群的稳定性,从而提高整体的运动表现。背部动态拉伸不仅对于运动员来说至关重要,对于普通人来说也同样重要。通过定期的背部动态拉伸训练,可以改善久坐或长时间保持同一姿势带来的背部僵硬和疼痛问题。同时,灵活强健的背部肌肉也有助于在日常生活中更加自如地应对各种动作需求。

### (三)肩部动态拉伸:增强肩部功能与稳定性

肩部是连接上肢与躯干的桥梁,在人体运动中具有举足轻重的地位。肩部动态拉伸,如双臂画圆、肩部绕环等动作,旨在增加肩部肌肉的灵活性和稳定性,对于预防肩部损伤、提升上肢运动表现具有重要意义。双臂画圆是一种简单而有效的肩部动态拉伸方法。通过双臂的循环运动,能够全方位地拉伸和激活肩部肌肉,提升肩部关节的灵活性,扩大运动范围。在进行双臂画圆时,应确保动作流畅、速度适中,以免过度拉伸或造成不必要的损伤。随着训练的深入,可以逐渐增加画圆的幅度和速度,以适应更高的运动需求。肩部绕环则是另一种实用的肩部动态拉伸动作。通过模拟日常生活中的肩部运动轨迹,肩部绕环能够有效地拉伸和强化肩部肌肉,提高肩部的稳定性和功能。在进行肩部绕环时,应保持身体稳定,注重动作的准确性和流畅性。通过反复练习,可以逐渐提升肩部绕环的难度和复杂性,以更好地适应各种运动场景。肩部动态拉伸的重要性不言而喻。对于运动员而言,灵活的肩部能够提升上肢的运动表现,增强整体竞技能力;对于普通人而言,健康的肩部则意味着能够自如地完成日常生活中的各种动作,提高生活质量。因此,无论是运动员还是普通人,都应重视肩部动态拉伸训练,以确保肩部的健康和稳定。

### 三、PNF 拉伸法

#### (一)PNF 腿部拉伸:增强柔韧与力量的有效方法

PNF(本体感觉神经肌肉促进法)拉伸是一种高级的拉伸技术,它结合了被动拉伸和肌肉的等长收缩,旨在更有效地提高肌肉的柔韧性。在腿部拉伸中,PNF 技术能够显著增加腿部肌肉的伸展范围,进而提升运动表现和预防运动损伤。坐位 PNF 腿部拉伸是一种特别实用的方法。在进行这种拉伸时,首先采取坐位,一腿伸直,另一腿弯曲并将脚置于伸直腿的膝关节上方。然后,用手将弯曲腿的膝关节缓慢地向胸部拉伸,同时要求弯曲腿进行等长收缩,也就是肌肉在长度不变的情况下产生力量。这种等长收缩持续数秒后放松,此时,由于肌肉的相互抑制作用,伸直腿的肌肉会得到更深的拉伸。这个过程中,等长收缩不仅激活了弯曲腿的肌肉,还通过神经系统的相互作用,使得伸直腿的肌肉更容易拉伸。这种拉伸方法的效果远胜于传统的静态拉伸,因为它结合了肌肉的主动收缩和被动拉伸,从而更加深入地放松肌肉纤维,提高柔韧性。通过定期的 PNF 腿部拉伸训练,运动员和普通人都可以显著提高腿部肌肉的柔韧性,减少运动中的拉伤风险,同时也有助于提高腿部肌肉的力量和爆发力。这种拉伸方法在运动前热身和运动后放松中都非常适用,是提升运动表现和促进身体恢复的重要手段。

#### (二)PNF 背部拉伸:全面舒缓与深层放松

在现代生活中,由于长时间的坐姿工作或使用电子设备,许多人都遭受着背部疼痛和僵硬的困扰。PNF 背部拉伸作为一种高效的拉伸方法,能够帮助全面舒缓背部的紧张感,实现深层放松,进而提升背部肌肉的柔韧性和功能。俯卧 PNF 背部拉伸是一种特别推荐的方式。进行这种拉伸时,身体呈俯卧姿势,双手伸直上举并尽量向后拉伸。在这个过程中,背部肌肉进行等长收缩,即肌肉在保持长度不变的情况下发力,然后放松。这种收缩与放松的循环,能够深入拉伸背部肌肉纤维,有效缓解肌肉紧张和僵硬。与传统的静态拉伸相比,PNF 背部拉伸的优势在于它结合了肌肉的主动收缩与被动拉伸,从而能够更全面地激活和放松背部肌肉。通过等长收缩,背部肌肉在拉伸过程中得到了更深入的刺激,进而提高了拉伸效果。这种拉伸方法不仅有助于舒缓背部的疼痛和僵硬,还能预防潜在的背部问题,提升背部肌肉的功能。此外,PNF背部拉伸还对于改善姿势、提高身体协调性具有重要意义。通过定期的拉伸训练,人可以拥有更加灵活和强健的背部,从而更好地应对日常生活中的各种挑战。无论是长时间坐办公室的职场人士,还是经常进行体力活动的人员,都能从 PNF 背部拉伸中获益良多。

### (三)PNF 拉伸的益处与实际应用

PNF 拉伸作为一种先进的拉伸技术,已经在康复医学、运动训练以及日常健身等多个领域得到了广泛应用。其独特的拉伸方式不仅能够有效提高肌肉的柔韧性,还能够增强肌肉力量,预防运动损伤,促进身体恢复。首先,PNF 拉伸能够显著提高肌肉的柔韧性。通过结合被动拉伸和肌肉的等长收缩,PNF 拉伸能够更深入地放松肌肉纤维,从而增加肌肉的伸展范围。这种柔韧性的提升对于运动员来说尤为重要,因为它可以帮助他们更好地完成技术动作,提高运动表现。其次,PNF 拉伸还能够增强肌肉力量。在等长收缩阶段,肌肉需要产生力量来对抗外部的拉伸力。这种力量训练方式虽然不同于传统的抗阻训练,但同样能够有效提高肌肉的力量和耐力。此外,PNF 拉伸在预防运动损伤方面也具有显著效果。通过增加肌肉的柔韧性和力量,PNF 拉伸能够帮助运动员减少运动中的拉伤、扭伤等风险。同时,它还能够促进身体的恢复,缩短运动后的疲劳期,让运动员更快地投入到下一轮的训练或比赛中。在实际应用中,PNF 拉伸可以根据个人的需求和身体状况进行灵活调整。无论是专业运动员还是普通健身爱好者,都可以通过 PNF 拉伸来改善肌肉的柔韧性和力量。同时,对于康复医学领域的患者来说,PNF 拉伸也是一种有效的康复手段,能够帮助他们恢复肌肉功能,提高生活质量。

## 四、瑜伽与普拉提训练

### (一)瑜伽:拉伸肌肉,放松身心

瑜伽,这一古老的修行方式,如今已经演变为一种全球性的健身潮流。它通过各种体位法,也就是通常所说的瑜伽动作,来针对性地拉伸不同部位的肌肉群。比如猫式,通过模仿猫咪的伸展动作,可以有效地拉伸脊椎和背部肌肉,缓解腰背部的紧张和疲劳;而下犬式则可以拉伸后腿肌肉和跟腱,增强上肢和核心肌群的力量。除了对身体柔韧性的显著提升,瑜伽还特别强调呼吸的配合。在练习瑜伽的过程中,深呼吸不仅可以帮助更好地完成动作,还能有效地放松身心,缓解压力。这种身心的双重放松,使得瑜伽成为一种非常适合现代人的健身方式。但值得注意的是,瑜伽虽然温和,却并非没有风险。初学者在没有专业指导的情况下盲目练习,很可能会导致姿势不正确,甚至引发伤害。因此,选择一位经验丰富的瑜伽教练,是确保练习安全和有效的重要前提。

### (二)普拉提:强化核心,提升平衡

普拉提,这一以德国体操运动员约瑟夫·普拉提命名的健身方式,近年来在全球范围内迅速流行开来。与瑜伽相比,普拉提更注重核心肌群的锻炼和平衡能力的提升。通过一系列垫上操和器械练习,普拉提能够全面强化身体各部位的肌肉力量和柔韧性。在普拉提的练习中,经常可以看到诸如平板支撑、桥式等动作。这些动作不仅要求有足够的核心力量来保持稳定,还需要人的肌肉具有良好的柔韧性来完成各种复杂的动作组合。正是这种对核心力量和柔韧性的双重要求,使得普拉提成为一种非常高效的健身方式。普拉提的另一大特点是其对于平衡能力的训练。通过各种单腿站立、闭眼平衡等练习,普拉提能够显著提高人的平衡感,这对于预防跌倒等意外伤害具有重要意义。特别是对于老年人来说,普拉提的平衡训练更是不可或缺的一部分。然而,普拉提的练习同样需要谨慎。一些高难度的动作如果在没有专业指导的情况下尝试,很可能会导致伤害。因此,选择一家正规的普拉提工作室,并在专业教练的指导下进行练习,是确保安全的关键。

### (三)瑜伽与普拉提的共同优势

瑜伽与普拉提虽然侧重点略有不同,但它们都具备全面性强、安全性高且具有一定趣味性的优点。无论是想要放松身心、提高柔韧性还是增强核心力量、提升平衡能力,瑜伽与普拉提都能提供有效的解决方案。它们的全面性体现在对身体各个部位的全面锻炼上。无论是上肢、下肢还是核心肌群,都能在这两种运动方式中找到适合自己的锻炼方法。这种全面性的锻炼不仅能够提高人的

运动表现,还有助于预防各种运动损伤。瑜伽与普拉提的安全性也得到了广泛的认可。只要在专业教练的指导下进行练习,这两种运动方式都是非常安全的。特别是对于初学者来说,选择一位经验丰富的教练更是至关重要。他们能够根据人的身体状况和运动经验来制订合适的训练计划,从而确保人的安全。瑜伽与普拉提的趣味性也是吸引人们加入的重要因素之一。与传统的健身方式相比,这两种运动方式更加注重身心的和谐统一。在练习的过程中,不仅可以感受到身体的变化,还能在心灵上得到一种宁静和满足。这种身心合一的体验让瑜伽与普拉提成为一种真正让人享受的运动方式。

# 第四章　体育项目教育训练实践

## 第一节　球类运动项目训练实践

### 一、技术训练

#### （一）技术训练的核心地位与目的

在球类运动中，技术训练占据着举足轻重的地位。精湛的技术是运动员在比赛中取得优异成绩的关键，也是决定胜负的重要因素之一。技术训练的目的，不仅仅是帮助运动员掌握各种基本技术动作，更重要的是提升他们在实际比赛中技术运用的准确性和熟练度。首先，必须明确，技术训练的核心是帮助运动员形成正确的技术动作定型，确保他们在激烈的比赛中能够稳定、准确地发挥出自己的技术水平。这需要通过大量的重复练习和精细的动作调整来实现。例如，在足球中，传球、接球、射门、运球等每一个技术动作，都需要运动员经过无数次的练习，才能形成肌肉记忆，达到熟练运用的程度。其次，技术训练的目的还在于提高运动员在复杂比赛环境中的技术应变能力。在球类比赛中，场上形势瞬息万变，运动员需要具备在极短的时间内做出正确技术选择的能力。这就要求在技术训练中，不仅要注重基本技术的掌握，更要加强运动员在模拟比赛场景中的技术运用训练，以提升他们的实战能力。

## (二)基础技术的重点练习与实战应用

基础技术是球类运动的根基,因此,在技术训练中应给予足够的重视。对于传球、接球、射门、运球等基础技术动作,需要制订详细的训练计划,确保运动员能够全面、系统地掌握这些技术。在练习过程中,要注重技术动作的细节和规范性。每一个技术动作都有其特定的要领和技巧,只有掌握了这些要领和技巧,才能确保技术动作的准确性和高效性。例如,在足球运球训练中,要强调运球的姿势、脚趾的控制、身体的协调等细节,以确保运动员在比赛中能够快速、准确地完成运球动作。同时,还要注重基础技术在实战中的应用。通过模拟比赛场景,让运动员在接近实战的条件下进行技术练习,这样不仅能够提升他们的技术运用能力,还能够增强他们的比赛意识。例如,在篮球传球训练中,可以设置防守球员,让运动员在受到干扰的情况下进行传球练习,以提高他们在比赛中的传球准确性和应变能力。

## (三)多元化的训练方法与现代科技手段的运用

为了提高运动员的技术水平,教练需要采用多种训练方法,以满足不同运动员的需求和特点。分解练习、完整练习和变换练习等都是常用的训练方法。分解练习是将复杂的技术动作分解成若干个简单的部分进行练习,以帮助运动员更好地掌握技术要领;完整练习则是让运动员在掌握各个部分的基础上,进行整体技术的练习,以提高技术的连贯性和协调性;变换练习则是通过改变练习条件、增加难度等方式,提高运动员的技术应变能力和创新能力。此外,随着现代科技的不断发展,还可以利用一些先进的科技手段来辅助技术训练。虚拟现实技术则可以模拟真实的比赛场景,让运动员在虚拟的环境中进行技术练习和战术演练;大数据分析则可以帮助人们更好地了解运动员的训练状态和比赛表现,为制订个性化的训练计划提供依据。

## 二、体能训练

### (一)体能训练的核心意义与球类运动的关联

体能训练在球类运动项目中具有极其重要的地位。球类比赛往往节奏快、强度高,这就要求运动员必须具备良好的体能素质以应对比赛中的各种挑战。具体来说,运动员需要拥有出色的耐力以支撑整场比赛的持续运动,强大的力量来保证技术动作的完成质量,迅捷的速度来制造进攻机会或进行快速回防,以及高度的敏捷性来应对场上的突发情况。在激烈的球类竞技中,运动员的体能状况往往直接决定了其技术动作的执行效果和战术策略的实施能力。一个体能充沛的运动员能够在关键时刻保持稳定的技术输出,为团队争取更多的进攻和防守机会。因此,体能训练不仅关乎运动员个人的竞技状态,更是团队整体战斗力的重要保障。

### (二)科学合理安排体能训练计划

为确保体能训练的有效性和针对性,教练团队需要根据运动员的实际情况和比赛需求来制订科学的训练计划。这一计划应综合考虑运动员的年龄、性别、训练年限、技术特点以及所参与球类项目的具体要求。在提高心肺功能方面,可以通过长跑、游泳等有氧运动来增强运动员的耐力基础。这类训练能够帮助运动员在比赛中保持稳定的呼吸节奏和血液循环,从而延长有效运动时间并减少疲劳感。力量训练则主要集中在增强肌肉力量和爆发力上,这对于需要频繁进行身体对抗和快速移动的球类项目至关重要。通过杠铃挺举、深蹲等重量训练,可以有效提升运动员的力量素质。另一方面,灵敏性训练也是体能训练中不可或缺的一环。球类比赛中情况瞬息万变,运动员需要具备快速反应和准确移动的能力。为此,教练可以设置各种灵敏性训练项目,如梯子训练、反应球训练等,以提高运动员的反应速度和移动能力。

### (三)体能训练与技术训练的深度融合

体能训练并非孤立存在,而是需要与技术训练紧密结合,共同提升运动员的综合竞技能力。在球类项目中,技术动作的完成质量往往受到体能状况的制约。因此,在体能训练中融入技术元素,不仅能够帮助运动员更好地理解和掌握技术动作,还能在实际比赛中发挥出更高的技术水平。为实现这一目标,教练可以在体能训练中设置与技术动作相关的练习项目。例如,在足球训练中,可以结合传球、射门等技术动作进行灵敏性和爆发力训练;在篮球训练中,则可以通过模拟比赛场景的多变性来提升运动员在快速移动中完成技术动作的能力。此外,体能训练还应注重运动员的心理调适和恢复工作。高强度的体能训练往往会给运动员带来较大的身心压力,因此,教练需要密切关注运动员的训练反应和心理状态,及时调整训练计划并提供必要的心理辅导。同时,合理安排休息时间和恢复措施也是确保体能训练效果的关键因素之一。

## 三、战术训练

### (一)战术训练在提升团队协同能力中的作用

战术训练是球类运动中不可或缺的一环,它对于提升团队协同作战能力具有至关重要的作用。在球类比赛中,单纯的个人技术已不足以确保胜利,更需要团队成员之间的默契配合和有效的战术执行。战术训练的目的,就是帮助运动员理解并熟练掌握各种战术理念和技巧,从而在比赛中能够根据形势灵活调整策略,达到最佳团队配合效果。通过战术训练,运动员不仅可以提升对比赛的整体认知,更能够在实践中学会如何与队友协作,共同应对复杂的比赛局面。这种协同能力的提升,不仅有助于团队在比赛中取得更好的成绩,还能增强团队成员之间的信任和默契,为长期的团队发展奠定坚实基础。

### (二)培养战术意识与团队协作能力的方法

要有效培养运动员的战术意识和团队协作能力,需要采用多元化的训练方法。模拟比赛场景是一种非常实用的手段,它能够让运动员在一个相对真实的环境中体验并学习如何运用战术。通过这种方式,运动员可以更加直观地理解战术的重要性和实用性,并在实践中不断调整和完善自己的战术理念。此外,团队演练也是提升团队协作能力的重要途径。通过定期的团队训练和演练,运动员可以更好地了解队友的特点和习惯,从而在比赛中形成更加默契的配合。这种默契不仅体现在技术层面,更包括心理层面的相互理解和支持。

### (三)制定并优化战术方案的策略

制定合适的战术方案是战术训练中的关键环节。教练需要根据对手的情况和自身团队的特点进行深入分析,找出最有效的战术策略。这一过程中,教练不仅要考虑团队的整体实力和技术特点,还要关注运动员的心理状态和比赛经验等因素。在制定战术方案时,教练还应注重方案的灵活性和可调整性。比赛中的形势千变万化,一个僵化的战术方案很难应对所有情况。因此,教练需要在训练中不断对方案进行调整和优化,确保团队能够在各种复杂的比赛环境中保持最佳状态。同时,教练还应鼓励运动员积极参与战术方案的制定和执行过程。运动员的实战经验和直觉往往能为战术方案提供宝贵的补充和完善建议。通过教练和运动员的共同努力,可以制定出更加贴合实际、更具战斗力的战术方案,为团队在比赛中的胜利提供有力保障。

## 四、心理素质培养

### (一)心理素质在球类运动中的关键作用

心理素质在球类运动项目中占据举足轻重的地位,往往成为决定胜负的关键因素。在激烈的比赛中,运动员不仅要有出色的技术和战术能力,更要有过硬的心理素质来应对各种突发情况和压力。一个心理素质优秀的运动员,能够在关键时刻保持冷静,发挥出自己的最佳水平,甚至超常发挥,从而帮助团队取得胜利。因此,心理素质培养是提升运动员整体竞技能力不可或缺的一部分。

### (二)全面提升运动员心理素质的途径

要全面提升运动员的心理素质,需要从多个方面入手。首先,提高运动员的自信心是至关重要的。自信心是运动员在比赛中发挥出色的基石,它能够帮助运动员在面对困难和挑战时保持坚定和果敢。教练可以通过鼓励和肯定运动员的表现,以及设置合适的训练难度,来逐步增强运动员的自信心。其次,培养运动员的抗压能力也是心理素质培养的重点。在球类比赛中,压力是无处不在的,无论是来自对手的强大实力,还是来自观众的期望和媒体的关注,都可能给运动员带来巨大的心理压力。因此,教练需要通过心理训练和心理咨询等方式,帮助运动员学会如何正确面对和处理压力,将压力转化为动力,从而在比赛中发挥出更好的水平。最后,提升运动员的自我调节能力也是心理素质培养的重要一环。在比赛中,运动员需要时刻保持清醒的头脑和稳定的情绪,以便做出正确的判断和决策。教练可以通过模拟比赛场景和设置困难情境等方式,让运动员在训练中经历各种心理压力和挑战,从而培养他们应对压力和自我调节的能力。

### (三)心理素质培养的长期性与系统性

心理素质的培养是一个长期且系统的过程,需要教练和运动员的共同努力和持续投入。教练应根据运动员的实际情况和比赛需求,制订个性化的心理素质培养计划,并在日常训练中加以实施。同时,教练还需要密切关注运动员的心理状态变化,及时调整训练内容和方式,以确保心理素质培养的效果。此外,教练还可以借助专业心理咨询师的帮助,为运动员提供更加全面和深入的心理支持。心理咨询师可以通过专业的心理评估和咨询技巧,帮助运动员更好地了解自己的心理状态和需求,从而制定更加有效的心理素质提升策略。

## 五、综合训练与实战模拟

### (一)综合训练:融合多元技能,提升全面竞技能力

在球类运动项目中,综合训练扮演着至关重要的角色。这一训练环节的核心目标,是将运动员在技术、体能、战术以及心理素

质等各方面的训练成果进行有机融合,从而全面提升他们在实际比赛中的综合能力。通过综合训练,教练能够帮助运动员打破单一技能训练的局限,实现各项技能之间的协同与互补,进而在激烈的比赛中发挥出更加全面、高效的竞技水平。为了实现这一目标,教练需要精心设计综合训练计划,确保各项技能在训练中得到均衡发展。例如,可以通过结合技术练习与体能训练,让运动员在高强度的运动状态下依然能够保持技术的稳定性和准确性。同时,融入战术训练元素,帮助运动员学会如何在比赛中根据实际情况调整策略,与队友协同作战。此外,心理素质的培养也应贯穿于综合训练的始终,让运动员在面对比赛压力时能够保持冷静、自信的心态。

## (二)实战模拟:贴近比赛实际,锤炼运动员应变能力

实战模拟是球类运动训练中另一项关键的训练方法。通过模拟真实的比赛场景,实战模拟为运动员创造了一个贴近实战的训练环境。在这种环境下进行训练和演练,不仅有助于运动员更好地适应比赛节奏和氛围,还能有效提高他们在比赛中的应变能力和表现水平。在实战模拟中,教练可以设置各种可能出现的比赛情境,如关键球的争夺、比赛末段的决胜时刻等,让运动员在模拟的实战条件下进行针对性训练。通过这种方式,运动员可以更加深入地理解比赛规则、策略和团队协作的重要性,并在实践中不断调整和完善自己的技能组合与战术应用。此外,实战模拟还能帮助运动员熟悉比赛压力,并学会如何在压力下保持冷静、做出明智的决策。这种训练方式对于提升运动员的心理素质和抗压能力具有显著效果,使他们在真正的比赛中能够更加从容地应对各种挑战。

## （三）综合训练与实战模拟的互补与协同

在球类运动项目的训练中,综合训练和实战模拟并非孤立存在,而是相互补充、相互促进的。综合训练为运动员打下了坚实的技能基础,使他们在技术、体能、战术和心理素质等方面都得到了全面的提升。而实战模拟则提供了一个真实的比赛环境,让运动员有机会将这些技能应用到实际比赛中去,从而进一步巩固和提高他们的竞技水平。通过综合训练和实战模拟的有机结合,教练可以帮助运动员实现技能与实战的无缝对接,使他们在比赛中能够发挥出最佳水平。这种训练方法不仅有助于提高运动员的竞技能力,还能培养他们的团队协作精神和对比赛的深刻理解。因此,在球类运动项目的训练中,综合训练和实战模拟是不可或缺的两大环节,它们共同推动着运动员向更高的竞技水平迈进。

# 六、训练计划与周期安排

## （一）科学制订个性化的训练计划

在球类运动的训练过程中,一个科学且个性化的训练计划是提升运动员竞技水平的关键。包括明确每位运动员的技术特点、体能状况、战术理解和心理素质,从而为他们设定合适的训练目标和内容。训练计划的制订不仅要求教练对运动员有深入的了解,还需要教练具备丰富的专业知识和实践经验。教练应通过观察和评估,确定运动员在哪些方面需要提升,然后针对性地设计训练方法和手段。同时,训练计划应具有灵活性,可以根据运动员的进步情况和反馈进行适时的调整,以确保训练始终沿着正确的方向进行。

## (二)合理安排周期性训练阶段与任务

周期安排是训练计划中的重要组成部分,它关系到训练的连续性和阶段性成果。为了有效地提升运动员的竞技能力,教练需要将整个训练周期划分为不同的阶段,并为每个阶段设定明确的训练重点和任务。在初级阶段,训练的重点可能更多地放在基础技术的巩固和体能的提升上;而在高级阶段,则可能更加注重战术的理解和执行以及心理素质的培养。通过这种阶段性的划分,教练可以更有针对性地指导运动员进行训练,帮助他们在每个阶段都取得实质性的进步。此外,周期安排还需要考虑运动员的生理和心理周期,以及比赛日程的安排。教练应根据这些因素,合理地分配训练负荷和休息时间,以确保运动员在关键时刻能够达到最佳竞技状态。

## (三)平衡训练负荷与恢复,预防运动损伤

在追求训练效果的同时,教练必须高度重视运动员的身体健康和运动安全。合理安排训练负荷和休息时间是预防过度疲劳和伤病的关键。教练应根据运动员的承受能力和恢复情况,逐步调整训练强度和时间,避免突如其来的大负荷训练对运动员的身体造成损害。同时,教练还应关注运动员的恢复措施,包括合理的饮食搭配、充足的睡眠以及必要的物理治疗等。这些措施不仅有助于运动员在训练中迅速恢复体力,还能提高他们的免疫力和抗伤病能力。

# 第二节　有氧运动项目训练实践

## 一、训练前的评估与准备

### （一）全面身体评估的重要性与实施

在进行有氧运动训练前,对运动员进行全面的身体评估是至关重要的。这一评估涵盖了多个方面,包括心肺功能、肌肉力量以及柔韧性等,旨在确保训练计划能够针对个体的具体情况进行量身定制。通过科学的评估方法,如心电图、肺活量测试、肌力测试以及柔韧性评估等,能够准确地了解运动员的身体状况和运动能力。这些评估结果不仅为教练提供了制订训练计划的可靠依据,还能帮助运动员更好地了解自己的身体状况,从而设定更合理的训练目标。全面身体评估的重要性在于其能够预防运动损伤、提高训练效果。例如,对于心肺功能的评估可以帮助了解运动员的耐力水平和运动恢复能力,从而避免过度训练导致的疲劳和损伤。肌肉力量的评估则有助于确定运动员在哪些肌肉群上需要加强训练,以提升其整体运动表现。而柔韧性的评估则能指导进行针对性的拉伸和放松练习,减少因肌肉僵硬而引发的运动损伤。

### （二）热身活动的意义与具体方法

热身活动是有氧运动训练中不可或缺的一环。其主要目的是通过一系列轻松的活动来提高运动员的体温,增加肌肉的弹性和关节的灵活性,从而为接下来的高强度训练做好准备。热身活动能够有效地预防运动损伤,提高训练效果,因此必须被给予足够的重视。热身活动的具体方法多种多样,可以根据不同的运动项目和运动员的个体情况进行选择。一般来说,热身活动可以从轻松的有氧运动开始,如慢跑或快走,以提高心率和体温。接下来可以进行一些动态拉伸练习,如腿部摆动、手臂绕环等,以增加肌肉和关节的灵活性。此外,还可以加入一些与即将进行的训练内容相似的动作练习,以帮助运动员更好地适应接下来的训练强度。需要注意的是,热身活动的强度和时间应根据运动员的实际情况进行合理安排,避免过度疲劳或热身不足的情况发生。同时,教练也应密切关注运动员在热身过程中的身体反应,及时调整热身计划以确保其安全性和有效性。

## (三)确保训练的安全性与有效性

确保训练的安全性和有效性是有氧运动训练前评估与准备的最终目标。为了实现这一目标,需要综合运用全面身体评估和热身活动的结果来制订个性化的训练计划。具体来说,可以根据运动员的心肺功能、肌肉力量和柔韧性等评估指标来调整训练的强度、频率和持续时间,以确保训练既不会过于轻松也不会过于繁重。此外,还需要在训练过程中密切关注运动员的身体反应和训练效果,及时调整训练计划以适应其身体状况的变化。例如,如果运动员在训练中表现出明显的疲劳或不适,应适当降低训练强度或增加休息时间以避免过度疲劳的发生。同时,也可以通过定期的测试和评估来了解运动员的训练进展和身体状况的变化情况,以便更好地指导其后续的训练。

## 二、训练目标的设定

### (一)明确且具体的训练目标

在设定有氧运动训练目标时,首先要确保目标是明确且具体的。这意味着需要清晰地界定想要达到的结果,而不是笼统地提出一个模糊的方向。例如,不应仅仅设定"提高身体健康水平"这样宽泛的目标,而应该具体化为"在三个月内,通过有氧运动训练,将心肺耐力提升20%"。这样的具体目标不仅能够帮助运动员更清晰地了解自己的训练方向,还能激发他们的训练动力,因为他们可以明确地看到自己的进步和成就。为了实现明确且具体的训练目标,可以结合运动员的实际情况,制订详细的训练计划和时间表。例如,针对心肺耐力的提升,可以制订每周的有氧运动次数、运动强度和时间等具体指标,以确保运动员能够按照计划逐步提升自己的心肺耐力。同时,还可以定期进行测试和评估,以监控运动员的进展情况,并根据实际情况对训练计划进行适时调整。

### (二)遵循SMART原则设定训练目标

在设定有氧运动训练目标时,应遵循SMART原则,以确保目标的科学性和可行性。SMART原则包括具体(SPECIFIC)、可衡量(MEASURABLE)、可实现(ACHIEVABLE)、相关(RELEVANT)和时限性(TIME-BOUND)五个方面。具体性要求将目标细化到可以明确执行的程度,避免使用模糊或笼统的表述。可衡量性意味着需要设定可以量化的指标来评估目标的完成情况,如运动时间、运动距离或心率等。可实现性强调目标应符合运动员的实际能力和条件,既不过于轻松也不过于困难。相关性则要求目标与运动员的整体训练计划和长期发展目标保持一致。时限性则是指在设定目标时需要明确一个具体的时间范围,以便运动员和教练能够合理安排训练进度并监控完成情况。通过遵循 SMART 原则设定训练目标,可以确保目标的科学性和可行性,从而提高训练效果和运动员的满意度。同时,SMART 原则还有助于及时发现问题并调整训练计划,以确保运动员能够在规定的时间内达到预期的训练效果。

### (三)训练目标与积极训练态度的关系

设定明确的训练目标对于保持运动员积极的训练态度至关重要。当运动员有了明确的目标后,他们会更加专注于自己的训练计划,并努力克服困难以实现这些目标。这种积极向上的态度不仅能够提高运动员的训练效果,还有助于他们在比赛中取得更好的成绩。为了培养运动员的积极训练态度,教练和运动员可以共同制定切实可行的训练目标,并定期回顾和调整这些目标以适应运动员的发展需求。同时,教练还可以通过鼓励和肯定的方式激发运动员的内在动力,使他们在面对挑战时能够保持坚定的信念和积极的态度。此外,教练还可以引导运动员关注自己的进步和成就,以增强他们的自信心和满足感,从而进一步巩固积极的训练态度。

## 三、训练计划的制订与实施

### (一)个性化有氧运动训练计划的制订

制订个性化的有氧运动训练计划是确保训练效果最大化的关键。这一计划必须根据运动员的身体状况、训练目标以及个人偏好来量身打造。在制订计划时,首要考虑的是运动强度、运动时间和运动频率这三个核心要素。运动强度需根据运动员的心肺功能、耐力和训练经验来合理设定,以避免过度疲劳和损伤。运动时间的安排则应确保运动员能够在每次训练中达到最佳状态,同时留有足够的恢复时间。运动频率的确定则需考虑运动员的日程安排和身体恢复能力,以保证训练的连续性和有效性。除了上述三个核心要素,个性化的训练计划还需融入科学训练原则。循序渐进是其中之一,即训练负荷应逐步增加,以适应运动员的身体状况和提升水平。系统性原则则要求训练计划全面、连贯,能够持续推动运动员的进步。此外,个体差异原则也至关重要,它强调每个运动员都是独一无二的,因此训练计划必须因人而异,不可一刀切。

## (二)训练计划的实施与监控

训练计划的实施阶段同样至关重要。在此过程中,教练需密切关注运动员的身体反应和训练效果,以及时发现问题并做出相应调整。实施训练计划时,教练应确保运动员充分理解并遵循计划要求,同时提供必要的指导和支持。监控方面,则可以通过定期的身体测试、训练日志记录以及运动员的反馈来评估训练效果,从而确保训练计划的有效性和安全性。在实施过程中,教练还需特别注意运动员的心理状态。有氧运动训练往往需要长时间的坚持和努力,因此教练应适时给予鼓励和支持,帮助运动员建立信心并保持积极态度。此外,教练还应与运动员共同分析训练数据,讨论改进策略,以持续提升训练效果。

## (三)训练负荷的调整与安全保障

在训练计划的实施过程中,教练需要根据运动员的身体反应和训练效果来灵活调整训练负荷。这包括运动强度、时间和频率的调整,以确保训练始终保持在运动员的承受范围内,并最大限度地发挥其潜能。同时,教练还需密切关注运动员的身体状况,预防运动损伤和其他健康问题的发生。为了保障训练的安全,教练应定期进行健康检查和评估,包括心肺功能、肌肉力量、柔韧性等方面的测试。这些评估结果将为训练负荷的调整提供重要依据。此外,教练还应教授运动员正确的运动技巧和呼吸方法,以降低运动损伤的风险并提升训练效果。

## 四、运动强度的控制

### (一)合理控制运动强度的重要性

在有氧运动训练中,合理控制运动强度是至关重要的。运动强度直接影响到训练效果和运动员的身体状况。如果运动强度过低,运动员的身体不会受到足够的刺激,从而难以达到预期的训练效果。相反,如果运动强度过高,超出了运动员的承受能力,就可能导致过度疲劳、运动损伤甚至更严重的健康问题。因此,教练必须根据运动员的实际情况,精确控制运动强度,以确保训练的有效性和安全性。

### (二)选择适宜的运动强度指标

为了准确控制运动强度,教练需要选择适宜的运动强度指标。心率和摄氧量是两个常用的指标。心率可以反映运动员在运动过程中的心脏负担和身体应激反应,而摄氧量则可以衡量运动员在运动时的氧气消耗情况,从而反映其有氧能力。这两个指标都可以通过专业的设备进行实时监测。在选择运动强度指标时,教练需要考虑运动员的个体差异和训练目标。例如,对于初学者或心肺功能较差的运动员,心率可能是一个更为敏感和实用的指标;而对于训练有素的运动员,摄氧量可能更能准确反映其有氧能力的变化。

### (三) 实时监控和调整运动强度

在训练过程中,教练需要实时监控运动员的运动强度,并根据实际情况进行及时调整。这可以通过使用心率监测设备、摄氧量监测仪等来实现。通过实时监测,教练可以及时发现运动员是否处于适宜的运动强度范围内,如果超出范围,则应立即进行调整。调整运动强度时,教练需要综合考虑多个因素,包括运动员的身体状况、训练目标、环境条件等。例如,在运动员感到疲劳或不适时,可以适当降低运动强度;而在运动员状态良好且环境条件适宜时,则可以适当增加运动强度以刺激其身体潜能。

## 五、训练过程中的营养与恢复

### (一) 营养摄入的重要性与支持身体恢复

在有氧运动训练中,营养摄入的重要性不容忽视。由于有氧运动训练会消耗大量的能量,运动员必须通过合理的饮食来补充这些消耗,以支持身体的恢复和适应不断增加的训练负荷。营养不仅是提供能量的源泉,还是身体组织修复和生长的必要物质。因此,确保运动员在训练过程中获得全面均衡的营养,是教练和运动员共同关注的重要问题。为了达到这一目的,教练应与营养专家合作,根据运动员的个体差异、训练目标和身体状况,为他们提供个性化的膳食建议。这些建议应涵盖蛋白质、碳水化合物、脂肪等关键营养素的摄入比例,以确保运动员在训练中保持最佳的身体状态。

## （二）个性化的膳食建议与营养素摄入

提供个性化的膳食建议是确保运动员获得适当营养的关键。每个人的身体状况、训练目标和口味偏好都是独一无二的，因此膳食计划必须因人而异。教练应与营养专家紧密合作，根据运动员的具体需求制订详细的饮食计划。在制定膳食建议时，应特别关注蛋白质、碳水化合物和脂肪的摄入。蛋白质是肌肉生长和修复的重要物质，碳水化合物则是主要的能量来源，而适量的脂肪摄入也有助于维持身体的正常功能。通过精确控制这些营养素的摄入比例，可以帮助运动员更好地恢复体力，提高训练效果。

## （三）休息与睡眠在身体恢复中的作用

除了合理的营养摄入外，休息和睡眠也是运动员身体恢复和适应的关键因素。有氧运动训练会使身体承受较大的负荷，因此充分的休息和高质量的睡眠至关重要。教练应合理安排运动员的训练和休息时间，以免过度疲劳；同时，还应关注运动员的睡眠质量。良好的睡眠不仅可以促进身体的自然修复过程，还有助于提高运动员的免疫力和心理状态。为了优化睡眠质量，教练可以建议运动员采取一些助眠措施，如保持规律的睡眠时间表、创造舒适的睡眠环境以及避免睡前进行刺激性的活动等。

# 六、训练效果的评估与反馈

## （一）定期评估训练效果的重要性

在有氧运动训练中，定期评估训练效果是至关重要的。这种评估不仅有助于及时了解运动员的生理变化和训练成果，还能为教练提供宝贵的数据支持,以便根据实际情况调整训练计划。通过对比训练前后的各项数据,可以客观地衡量训练的成效,从而确保训练的科学性和有效性。此外,定期评估还能帮助运动员更好地认识自己的身体状态和运动能力,进而激发他们的训练热情和信心。因此,将定期评估纳入有氧运动训练体系中,对于提升训练质量和运动员的综合素质具有不可忽视的作用。

## (二)多维度的评估内容与方法

在进行训练效果评估时,需要采用多维度的评估内容和方法。这包括心肺功能测试、身体成分分析以及运动表现评价等方面。心肺功能测试可以反映运动员的心血管健康水平和耐力状况,常用的测试方法包括跑步机测试、台阶试验等。身体成分分析则能揭示运动员的肌肉量、脂肪比例等关键指标,有助于更全面地了解运动员的身体状况。而运动表现评价则通过对比训练前后的成绩变化,直观地展现训练成果。这些评估方法相互补充,共同构成了一个全面、客观的训练效果评价体系。

## (三)运动员主观感受与反馈的收集与应用

在评估训练效果的过程中,除了客观数据的收集与分析外,教练还应高度重视运动员的主观感受和建议。运动员是训练的主体,他们的直观感受和体验对于优化训练计划具有不可忽视的价值。通过与运动员的密切沟通,教练可以及时了解运动员在训练中的困难、不适以及他们对训练方法和强度的看法。这些反馈不仅能帮助教练更准确地把握运动员的身体状况和心理状态,还能为调整训练计划提供有力的依据。因此,建立一个有效的运动员主观感受与反馈收集机制,并将其与客观评估数据相结合,是提升有氧运动训练效果的关键环节。

# 第三节 塑身运动项目训练实践

## 一、训练计划制订

### (一)明确训练目标与阶段性规划

在制订训练计划之初,首先要明确自己的训练目标。是想减脂塑形,还是希望增肌健身,又或者是想要提升身体的柔韧性和协调性?明确目标之后,才能有针对性地选择合适的运动项目和方式。以减脂为目标为例,可以设定一个长期的减脂计划,比如三个月或半年,并分解为若干个短期目标。每个短期目标可以是一个月或两周,这样更便于追踪进度和调整计划。在每个阶段,可以设定具体的体重或体脂率目标,以便量化评估自己的进步。为了实现这些目标,需要规划每周的运动频率和强度。对于减脂来说,有氧运动是非常有效的手段,如慢跑、游泳、骑自行车等。可以安排每周进行五次有氧运动,每次持续30—60分钟,根据个人的体能和时间安排适当调整。

### (二)力量训练的融入与重要性

除了有氧运动外,力量训练也是塑身运动中不可或缺的一部分。力量训练可以帮助增强肌肉力量,改善身体形态,并促进新陈代谢。对于减脂来说,力量训练能够增加肌肉量,从而提高基础代谢率,使在休息时也能燃烧更多的热量。在制订训练计划时,可以安排两到三次的力量训练,用常见器械如哑铃、杠铃,或者不用器械的自重训练,如俯卧撑、深蹲等。力量训练的强度和次数要根据个人的身体状况和运动经验来合理安排,避免过度疲劳和受伤。同时,力量训练的加入还能让人的身体更加紧致有型。单纯的有氧运动可能会导致皮肤松弛,而力量训练则能够塑造紧致的肌肉线条,让人的身材更加美观。

### (三)个性化调整与可持续性考虑

制订训练计划时,还需要充分考虑个体的身体状况、运动经验和时间安排。不同的人有不同的体能基础和运动需求,因此训练计划需要具有个性化和灵活性。对于初学者来说,可以从较低强度的运动开始,逐步增加运动量和强度。而对于有经验的运动者,则可以选择更高强度的运动和更复杂的训练动作。此外,时间安排也是一个重要的考虑因素。需要根据自己的工作和生活节奏来合理安排运动时间,确保能够持之以恒地进行锻炼。如果时间安排过于紧张,可以选择短时高效的运动方式,如高强度间歇训练等。为了确保训练计划的可持续性,还可以适时地进行调整和优化。比如,在达到某个阶段性目标后,可以适当增加运动强度或改变运动方式,以避免身体适应和训练效果递减的问题。同时,也要密切关注身体的反馈和感受,及时调整运动量和强度,以确保运动的安全和有效性。

## 二、项目选择与实施

### (一)有氧运动

#### 1. 有氧运动对心肺功能和脂肪燃烧的贡献

有氧运动能够显著提高个体的心肺功能。在持续的有节奏的运动中,心脏需要泵出更多的血液以满足身体对氧气的需求,而肺部也必须适应性地增加呼吸深度和频率。这种适应性变化使得心肺系统在应对日常活动和突发情况时更加游刃有余。此外,有氧运动还是加速脂肪燃烧的有效途径。在有氧运动过程中,身体需要消耗大量的能量,而脂肪是提供这些能量的重要来源之一。通过持续的有氧锻炼,身体能够更有效地利用脂肪作为能源,从而达到减脂塑身的目的。在实施有氧运动时,慢跑、游泳和骑自行车等是备受推崇的方式。这些运动不仅能够全面锻炼身体各部位,还能在户外进行,享受大自然的美景和新鲜空气,有助于提升运动者的心情和锻炼积极性。

## 2. 运动强度的合理控制

控制运动强度是有氧运动中的关键环节。过高的运动强度可能导致身体过度疲劳,甚至引发运动伤害;而过低的强度则可能无法达到预期的锻炼效果。因此,找到适合自己的运动强度至关重要。一种简单有效的方法是通过监测心率来控制运动强度。一般来说,有氧运动时的心率应保持在最大心率的 60%—80% 之间,这样既能保证锻炼效果,又能避免过度疲劳。此外,运动者还可以根据自身的感受来调整运动强度。如果感到呼吸急促、心跳过快或身体不适,就应适当降低强度。除了心率监测外,运动者还可以通过观察自身的出汗情况、呼吸频率以及肌肉疲劳感等来综合判断运动强度是否适中。总之,合理控制运动强度是有氧运动安全有效的关键所在。

## 3. 保持运动的趣味性和选择多样化的运动方式

为了保持有氧运动的趣味性并激发锻炼者的积极性,尝试多样化的运动方式是一个很好的选择。除了传统的慢跑、游泳和骑自行车外,还可以尝试跳绳、跳舞等富有节奏感和趣味性的有氧运动方式。跳绳不仅简单易行且对场地要求不高,还能在短时间内达到较高的心率水平,从而实现有效的有氧运动效果。同时,跳绳还能锻炼身体的协调性和敏捷性,提升整体的身体素质。跳舞则是一种更具趣味性和艺术性的有氧运动方式。在跳舞过程中,运动者不仅可以享受音乐的节奏和舞蹈的美感,还能在愉悦的氛围中达到锻炼身体的目的。跳舞对于提高身体的柔韧性、力量和平衡感也有很大的帮助。通过尝试这些多样化的有氧运动方式,运动者可以在享受锻炼乐趣的同时实现塑身目标。此外,多样化的运动方式还能帮助运动者更全面地锻炼身体各部位,预防运动伤害并提高身体的适应能力。

## (二)力量训练

### 1. 力量训练与身体线条的塑造

力量训练对于塑造健美的身体线条具有不可替代的作用。通过使用哑铃、杠铃等器械,或者采用自身重量进行训练,如俯卧撑和深蹲,可以针对性地锻炼身体的各个部位,包括肩、背、胸、腿等。这种训练方式能够促进肌肉的生长和发展,使身体线条更加流畅、有力。值得注意的是,力量训练并非男性的专属,女性同样可以通过适当的力量训练来塑造紧致有型的身材。与男性相比,女性在力量训练中更不容易增加过多的肌肉量,因此不必担心会因此变得过于"壮硕"。相反,适当的力量训练能够使女性的身材更加凹凸有致,提升整体美感。此外,力量训练还能够提高基础代谢率,这意味着在休息状态下,身体也能够燃烧更多的热量。这对于想要减脂塑身的人群来说,无疑是一个巨大的优势。

## 2. 确保力量训练动作的标准性

在进行力量训练时,确保动作的标准性至关重要。不正确的姿势不仅会影响训练效果,还可能导致运动损伤。因此,在开始力量训练之前,应该先学习并掌握正确的动作要领。为了达到这一目的,可以寻求专业教练的指导,或者通过观看教学视频来学习正确的动作。在训练过程中,要时刻注意自己的身体姿势,确保每一个动作都准确无误。同时,还要根据自己的身体状况和运动能力来选择合适的训练强度和次数,避免过度疲劳和受伤。除了动作的标准性外,还要注意呼吸的配合。在力量训练过程中,正确的呼吸方式能够帮助人更好地发力,减少不必要的能量消耗。一般来说,在发力时应该呼气,而在放松或准备阶段则应该吸气。

## 3. 合理安排力量训练的强度和次数

合理安排力量训练的强度和次数是确保训练效果和安全性的关键。过高的训练强度或过于频繁的训练都可能导致过度疲劳和受伤。因此,需要根据自己的身体状况、运动经验和目标来制订合理的训练计划。一般来说,初学者可以从较低的强度和较少的次数开始,逐步适应并提高。而对于有经验的运动者,则可以选择更高的强度和更多的次数来挑战自己。同时,还要确保给身体足够的休息时间,以便恢复和适应训练带来的刺激。在实施力量训练时,还可以采用分期训练的方法,即在不同的阶段设置不同的训练重点和强度。这样不仅可以避免身体对单一刺激产生适应,还能够更全面地锻炼身体的各个部位。

### （三）柔韧性训练

#### 1. 柔韧性训练的益处

柔韧性训练,作为运动训练中的重要组成部分,其益处不容忽视。首先,柔韧性训练能够显著提高身体的柔韧性,使肌肉和关节能够更自由地活动,从而提高运动表现。其次,通过拉伸和放松肌肉,柔韧性训练可以有效地预防运动伤害。在激烈的运动中,良好的柔韧性能够帮助身体更好地应对突发动作,减少因肌肉僵硬而导致的拉伤或其他损伤。

#### 2. 常见的柔韧性训练方法

在实施柔韧性训练时,有多种方法可供选择。瑜伽和普拉提是其中最为常见的两种训练方式。瑜伽通过一系列静态和动态的体位法,帮助练习者拉伸和强化肌肉,提高身体的柔韧性和平衡感。普拉提则更注重核心肌群的锻炼和身体的稳定性,通过一系列精准的动作来拉伸和强化肌肉。这两种训练方式都非常适合想要提高身体柔韧性的人群。

#### 3. 柔韧性训练的实施要点

在进行柔韧性训练时,需要注意几个关键的实施要点。首先,保持呼吸顺畅至关重要。深呼吸不仅可以帮助放松身体,还能提高血液中的氧含量,为肌肉提供更多的能量。其次,要避免过度拉伸。虽然拉伸有助于提高身体的柔韧性,但过度拉伸可能会导致肌肉拉伤或关节损伤。因此,在进行柔韧性训练时,要循序渐进,根据自身的柔韧度来调整拉伸的幅度。此外,持续性和规律性也是柔韧性训练的关键。只有长期坚持进行柔韧性训练,才能显著提高身体的柔韧性并预防运动伤害。建议每周至少进行两到三次的柔韧性训练,每次训练时间根据个人的体力和时间来定,但一般不少于 20 分钟。除了以上的实施要点外,还可以结合其他训练方式来进一步提高身体的柔韧性。例如,在力量训练后加入拉伸练习,可以帮助肌肉更好地恢复和放松;在有氧运动中穿插一些拉伸动作,也可以增加关节的活动范围并提高运动表现。

# 第五章　体育教学模式创新实践

## 第一节　体育教学模式概述

### 一、体育教学模式的概念

体育教学模式是指在体育教学过程中,为达到一定的教学目标,依据教学理论和教学规律,结合实际情况而构建的一种相对稳定的教学活动结构和程序。它不仅是一种教学策略,更是一种全面、系统的教学方法论,涵盖了教学目标、教学内容、教学方法、教学手段以及教学评价等多个方面。体育教学模式是体育教学理论与实践的桥梁,它能够将抽象的教学理论转化为具体可操作的教学实践,指导教师进行教学设计、组织教学活动、实施教学评价。同时,它也是对长期体育教学实践的总结和提炼,反映了一定的教学规律和特点。在体育教学模式中,通常会明确教师与学生的角色定位,以及教学过程的各个环节和步骤。教师会根据学生的实际情况和教学目标,选择合适的教学内容和方法,通过讲解、示范、练习、反馈等手段,帮助学生掌握运动技能和知识,提高他们的身体素质和运动能力。此外,体育教学模式还强调对学生个体差异的关注和尊重,注重因材施教和个性化教学。通过灵活多样的教学方法和手段,激发学生的学习兴趣和积极性,培养他们的自主学习能力和团队合作精神。

## 二、体育教学模式的构成

### （一）教学指导思想

教学指导思想在体育教学模式中占据着举足轻重的地位，它不仅是教学模式构建的理论基石，更深刻地反映了教育的核心价值和理念。这种思想指导教师如何开展教学活动，采用何种教学方法，以及追求什么样的教学效果。简而言之，它就像是体育教学的"灵魂"。当谈及不同的教学指导思想时，实际上是在探讨不同的教育观念。这些观念直接影响着教师的教学行为和学生的学习方式。以"以学生为中心"的教学指导思想为例，这种思想从根本上颠覆了传统的"教师中心"的教学模式。在这里，学生不再是被动接受知识的容器，而是成为学习活动的主体，他们的主动性、积极性和创造性得到了前所未有的重视。在这种指导思想的引领下，教师会鼓励学生进行自主探究和合作学习，让他们在体育活动中发现问题、解决问题，并从中体验到学习的乐趣。与此同时，教师的角色也发生了转变，他们不再是单纯的知识传授者，而是变成了学生学习过程中的引导者和促进者。这种转变不仅提升了学生的学习效果，还培养了他们的团队协作能力、创新思维和解决问题的能力。

### （二）教学过程结构

教学过程结构在体育教学模式中扮演着至关重要的角色，它就如同体育教学模式的坚实骨架，支撑着整个教学活动的展开。这一结构不仅规定了教学中各个环节的先后顺序，还明确了每一环节的具体内容和应采取的组织形式。有了这样明晰的结构，教学活动就能有条不紊地进行,确保了学生能够在连贯、有序的教学环境中逐步深入地掌握知识技能。通常,一个完整的体育教学过程可以划分为几个主要部分,包括准备活动、基本部分和结束部分。准备活动是整个教学过程的开端,它的主要目的是为学生做好心理和生理上的准备,预防运动伤害,同时通过轻松的活动激发学生的学习兴趣。基本部分则是教学的核心,这里会涉及新知识的传授、技能的训练以及战术的讲解等,是学生知识技能提升的关键环节。结束部分则是对整个教学活动的回顾和总结,同时也是为了帮助学生放松身心,从激烈的运动状态中平稳过渡。在这样的教学过程结构中,每一个环节都承载着特定的教学目标和内容,它们共同构成了一个完整、系统的教学体系。这一体系不仅有助于学生系统地学习和掌握知识技能,还能够提高教学效率,确保教学质量。因此,设计一个合理、科学的教学过程结构,对于提升体育教学的整体效果具有十分重要的意义。

## (三)教学方法体系

教学方法体系是构成教学过程的重要组成部分,它如同填充教学过程框架的"肌肉",为教学活动注入了活力和动力。这一体系涵盖了教师在教学过程中所采纳的众多教学方法和手段,旨在更有效地传递知识、训练技能,并激发学生的学习潜能。在选择教学方法时,教师需综合考虑多方面因素,包括具体的教学内容、学生的个性特点以及预设的教学目标。这种灵活的选择机制确保了教学方法能够紧密贴合教学实际,最大限度地提升学生的学习兴趣和积极性。例如,在面对复杂运动技能的教学时,教师可以采用讲解示范法,通过直观的演示和详尽的解说帮助学生快速理解动作要领;而在需要学生进行大量实践练习的情况下,练习反馈法则能让学生通过反复的操练和及时的反馈不断调整自身的动作,从而达到熟练掌握的目的。此外,为了培养学生的团队协作精神和沟通能力,小组合作教学法也常被运用到体育教学中。在这种方法下,学生被分成若干小组,通过组内的互助合作和组间的竞争对抗,不仅能迅速提升学生的运动技能,还能在潜移默化中培养他们的集体荣誉感和竞争意识。教学方法体系的丰富多样性为教师提供了广阔的操作空间,使他们能够根据实际情况灵活调整教学策略,从而更有效地促进学生的全面发展。在体育教学中,这一体系的合理运用对于提升学生的运动技能、增强学生的身体素质以及塑造学生的良好品格都具有不可估量的重要作用。

## 三、体育教学模式的特征

### (一)优效性

体育教学模式的建立,不是凭空而来的,而是深深扎根于一定的理论基础之上。这些理论基础,都是经过时间沉淀、历史检验的精髓,它们不仅具有合理性,更蕴含着深厚的科学性。正是这些理论,为体育教学提供了明晰的指导和坚实的支撑。首先,体育教学模式的理论基础是长期教育教学实践的结晶。在漫长的教育历史长河中,无数教育者通过实践、观察与反思,逐渐总结出了一系列符合教育规律、有助于学生身心健康发展的体育教学理论。这些理论不仅揭示了体育教学的本质和规律,还提供了科学的教学方法和手段。教师在这些理论的指导下,能够更加有针对性地设计教学内容,选择合适的教学方式,从而有效地提高学生的体育技能和身体素质。同时,也要看到,体育教学实践对于体育教学模式的发展起到了至关重要的推动作用。实践是检验真理的唯一标准,只有通过实践,才能发现教学模式中存在的问题和不足,才能不断地对其进行改进和优化。体育教学实践不仅促进了体育教学模式的完善,还使得体育教学过程更加合理、高效。在实践中,教师会根据学生的实际需求和反馈,不断调整教学策略,改进教学方法,以期达到更好的教学效果。这种实践与理论的相互作用,使得体育教学模式能够不断适应新的教育环境和学生需求,从而保持其生命力和活力。此外,体育教学实践还有助于实现教育资源的优化利用。通过实践,可以更加清晰地了解到哪些教学资源是真正有效的,哪些是需要改进的。这样,就可以根据实际情况,合理配置教学资源,避免资源的浪费和闲置。同时,通过不断优化教学过程,还可以提高教学效率,使得学生在有限的时间内获得更多的知识和技能。

## (二)整体性

体育教学模式的整体性是其核心特性之一,它体现在对教学活动的全面规划和整体设计上。这种整体性不仅涉及教学的主体和客体,还包括了教学过程中的各种物质条件、组织形式以及师生互动关系等诸多要素。在体育教学模式中,教学主体通常指的是教师和学生,他们在教学活动中扮演着不同的角色,发挥着各自的作用。教师作为知识的传授者和引导者,负责设计教学内容,引导学生学习,激发学生的学习兴趣和潜能。而学生则是学习的主体,通过参与教学活动,积极思考和实践,达到掌握知识技能、提升自我能力的目标。除了教学主体外,教学客体也是体育教学模式中不可或缺的一部分。这包括教材、教具、场地设施等物质条件,它们为教学活动的顺利开展提供了必要的保障。体育教学模式会根据不同的教学内容和目标,选择合适的教材和教学辅助工具,以及确保场地设施的充分利用,从而创造出一个良好的教学环境。此外,体育教学模式还注重教学组织形式和师生互动关系的构建。合理的教学组织形式能够有效地提高教学效率,激发学生的学习兴趣。而良好的师生互动关系则有助于营造积极的学习氛围,促进教师与学生之间的沟通和交流,进一步提升教学效果。

## (三)针对性

体育教学模式的针对性是其重要特征之一,这种针对性体现在它是根据体育教学实践中的具体问题或问题的某一方面进行构建的。由于体育教学涉及的内容和对象千差万别,因此,针对不同的教学内容和教学对象,需要建立不同的体育教学模式。这些模式根据各自的侧重点和目标,彼此之间存在着显著的区别。例如,在面对初学者时,体育教学模式可能会更加注重基础技能的训练和兴趣的培养,通过设计富有趣味性和引导性的教学内容,帮助学生快速入门并享受体育运动的乐趣。而对于高级学员,教学模式则可能更加专注于技术细节的提升和战术意识的培养,以帮助他们在竞技中取得更好的成绩。此外,不同的教学内容也需要采用不同的教学模式。比如,在教授篮球时,可能需要强调团队合作和实战演练;而在教授瑜伽时,则可能更注重身心的和谐与呼吸的配合。这种针对性的教学模式设计,能够确保学生更加高效地掌握所学内容,并在实际运用中发挥出最佳水平。因此,体育教学模式的针对性不仅体现在对问题的精准把握上,还体现在能够根据不同情况灵活调整教学策略上。这种针对性使得每一个教学模式都能更好地服务于特定的教学目标和学生需求,从而有效提升体育教学的质量和效果。这也是体育教学模式具有强大生命力的重要原因之一。

（四）可操作性

体育教学模式的可操作性是其被广泛应用的重要原因之一，主要体现在两个方面。体育教学模式以简洁明了的方式将理论与实践相结合，为教师提供了一个清晰且易于执行的教学框架。这种模式不仅是教学理论的操作化表现，更是对长期教学实践的深刻概括。因此，它对于教师而言是极易接受并实践的。通过遵循这一模式，教师可以有条不紊地推进教学进程，明确在各个教学阶段应当完成的任务和活动。这种明确的步骤和指导，使得教师在教学过程中能够游刃有余，同时也大大提高了教学效率。体育教学模式的操作程序具有相对的稳定性，这意味着一旦教师熟悉了这种教学模式，就可以在不同的教学环境中反复应用，而无须进行大的调整。例如，在体育运动技能类教学中，模式通常包括教师示范讲解、动作分解教学、学生初步练习、纠正错误动作、再次练习、动作部分的结合练习、完整动作练习以及强化和过渡练习等步骤。这一系列流程不仅逻辑严谨，而且每一步都为下一步打下了坚实的基础，确保学生能够逐步掌握所学技能。这种稳定性和可预测性使得教师能够更好地掌控教学节奏，确保学生能够在有序的环境中高效学习。

（五）简洁概括性

体育教学模式的简洁概括性是其独特魅力所在，这种特征在两个方面得到了具体体现。在表现形式上，体育教学模式展现了极高的概括性。它能够通过简练的笔墨、清晰的线条或是象征性的符号，将复杂的教学模式精髓简洁地呈现出来。这种表现形式不仅使得教学模式一目了然，便于教师和学生快速理解与掌握，还大大提高了教学模式的传播效率和应用便捷性。无论是在教案编写、课堂展示，还是在教师间的交流中，这种简洁概括的表现形式都发挥着举足轻重的作用。体育教学模式在表现种类上也体现了概括性。它所涵盖的内容并非繁杂无序的教学细节，而是经过精心提炼的单元体育教学活动的理论与实践精华。这意味着，每一种体育教学模式都是对一系列相关教学实践的高度总结与归纳，它们以简练的形式，为教师提供了明确的教学方向和策略指导。这种概括性不仅有助于教师快速把握教学的核心要点，更能引导他们在实际教学中灵活运用，从而达到提升教学质量和效果的目的。

# 第二节　合作学习体育教学模式

## 一、体育合作学习的功能与模式

体育合作教学模式中，组织形式的选择尤为关键，异质分组的方式因其能够促进学生之间的交流与互补而被广泛采用。在这种分组方式下，不同能力、背景和兴趣的学生被组合在一起，形成了一个多元化、富有活力的小群体。这种分组不仅有利于激发学生的思维火花，还能培养他们的团队协作能力和社交技巧。为了确保教学效率和质量，组间平衡是必须考虑的因素。通过合理的分组条件，如学生的体育基础、技能水平、兴趣爱好等，教师能够更精确地划分小组，使得每个小组在起始阶段就处于一个相对平等的竞争地位。这种平衡不仅体现在学生能力的均衡分布上，还包括了学习资源的合理分配，从而确保每个小组都能获得公平的学习机会。在小群体体育教学中，组长的角色举足轻重。他们不仅是小组活动的组织者,更是教师与学生之间沟通的桥梁。一个优秀的组长能够有效地协调小组成员之间的关系,调动大家的积极性,确保教学活动的顺利进行。因此,在选择组长时,教师应综合考虑学生的领导能力、责任心、沟通技巧等多方面因素,以确保小群体体育教学的有效实施。

## 二、体育合作学习教学模式的基本要求

### (一)合作学习教学分组

体育合作学习的教学分组策略,特别是组间同质和组内异质的运用,充分体现了教育教学的科学性和人文关怀。组间同质原则确保了各个小组之间的学生水平保持基本一致,这种均衡性不仅有助于公平竞争,更能激发学生的求胜心和团队协作能力。当各个小组站在同一起跑线上时,每个学生都能感受到比赛的紧张与刺激,从而更加投入地参与到体育活动中去。而组内异质的原则,则是在保证组间公平竞争的基础上,进一步丰富了小组内部的多样性和互补性。这种分组方式将具有不同性别、学习成绩、特长和体育技能水平的学生聚集在一起,形成了一个个多元化的学习小组。在这样的环境中,每个学生都能找到自己的位置,发挥自己的优势,同时也能从其他成员身上学到不同的知识和技能。值得一提的是,体育合作学习的分组并不仅仅局限于学生的客观差异。学生的兴趣、意愿等主观因素也被充分考虑进来。这种以学生为中心的分组方式,不仅有助于提升学生的学习兴趣和积极性,更能让他们在体育活动中找到归属感和成就感。

## (二)教学中的教师任务

教师课前准备是体育教学成功的关键一环。在课前,教师必须深入了解学生的技能水平、学习兴趣和个性特点,这是为了确保教学内容的针对性和实效性。基于这些了解,教师可以根据具体的教学内容,精心设计适合学生的教学方法和教学任务。这种针对性设计不仅有助于提升学生的学习兴趣,还能使他们在合作学习中更好地发挥自己的优势。在体育教学过程中,教师的主导性讲授是必不可少的。教师需要清晰、准确地讲解技术动作的要领、规则和策略,帮助学生建立正确的动作概念和战术意识。同时,教师还需注重与学生的互动,鼓励他们提出问题、分享感受,以便及时了解学生的学习情况并做出相应调整。除了讲授,教师还需对学生进行合作学习的指导。合作学习不仅能够提升学生的团队协作能力,还能培养他们的沟通技巧和解决问题的能力。在指导过程中,教师应根据学生的实际情况,合理分配小组任务,明确个人职责,确保每个学生都能在小组中找到自己的位置,发挥出自己的价值。

## (三)教学中的学生任务

在体育教学过程中,学生作为学习的主体,应根据教师精心布置的教学任务和要求,以合作学习小组为基本单位,积极投入到学习活动中。这种合作模式不仅要求学生个体努力,更强调团队成员之间的相互协作与共同努力。学生在合作学习小组中,应充分发挥自己的主观能动性,主动承担责任,与小组成员共同制订学习计划,明确分工,确保每个成员都能在团队中找到自己的位置,发挥出最大的价值。同时,学生还要学会倾听他人的意见和建议,尊重团队中的每一个成员,通过有效的沟通和协商,解决学习过程中遇到的问题。为了完成教学任务,学生应采用多种途径和方法进行学习和实践。这包括但不限于观察教师的示范动作、查阅相关资料、进行小组讨论和模拟练习等。通过这些方式,学生可以更全面地理解和掌握所学内容,提高学习效果。集体合作是完成教学任务的重要手段。在合作过程中,学生应相互鼓励、相互支持,共同面对挑战。当遇到困难时,学生要学会从团队中寻找帮助,共同寻找解决问题的方法。这种集体合作的精神不仅能够提高学生的学习效率,还能培养他们的团队协作能力和集体荣誉感。

## (四)体育课的开始部分

为全面提高学生的综合素质,特别是讲解、组织和示范等方面的能力,以体育合作学习小组为单位,实施了一项创新的教学策略。在这项策略中,让学生轮流扮演领导者的角色,带领其他同学进行课前的准备活动。这种轮流领导的方式,不仅为学生提供了一个展示自我、锻炼能力的平台,还极大地激发了他们的学习热情和责任感。在准备活动中,学生需要清晰地向同学们讲解每一个动作的要领,组织大家有序地进行活动,同时还要通过自身的示范来确保动作的标准性。这一过程中,学生的讲解能力得到了显著提升。他们学会了如何用简洁明了的语言阐述复杂的动作要求,使得其他同学能够快速理解和掌握。同时,他们的组织能力也得到了锻炼,如何合理地安排活动顺序,确保每个同学都能充分参与,成为他们需要思考和解决的问题。此外,通过示范动作,学生不仅提升了自己的运动技能,还学会了如何将技能传授给他人。这种教学相长的过程,使得学生在体育课上不仅锻炼了身体,更在潜移默化中培养了领导力、沟通能力和团队协作精神。

## （五）集体讲授课

在体育教学过程中,教师对于集体讲授和分组合作学习的时间安排显得尤为关键。这种时间安排并非一成不变,而是需要根据不同的教学内容进行灵活调整。对于基础理论知识或技术要领的讲解,集体讲授的方式往往更为高效,能够确保所有学生都能接收到统一、准确的信息。然而,当涉及实践操作或技能提升时,分组合作学习则更能发挥学生的主观能动性,促进他们在实际操作中掌握知识和技能。教师在讲解过程中,必须突出重点,避免冗长和无关紧要的阐述。简单明了的讲解方式能够帮助学生更快地抓住要点,减少学习过程中的困惑和迷茫。同时,教师还应注重讲解的效率,这意味着在讲解时不仅要确保信息的准确性,还要考虑到学生的接受能力和理解水平,用学生易于理解的语言和方式进行传授。为了达到最佳的教学效果,教师需要在教学前进行充分的准备,明确教学目标和重点,并根据学生的实际情况设计合适的教学方案。在教学过程中,教师还要密切观察学生的学习反应,及时调整教学策略,以确保教学的有效性和针对性。

## 三、体育合作学习教学模式在体育教学中的应用

### （一）学生自学

体育合作学习是一种高效的教学模式,但其实施的前提是学生个体对所学动作技能有一定的掌握和理解。这就要求学生在合作学习之前,必须先进行个体的学习和练习,通过自身的努力初步掌握动作技能,为后续的合作学习打下坚实的基础。在这个过程中,体育教师的角色至关重要。他们需要根据不同的教学内容、教

学任务以及学生的实际水平，制定切实可行的教学目标。这些目标不仅要明确、具体，还要能够突出教学的重点和难点，以便学生在自学自练的过程中能够有的放矢，抓住关键，提高效率。为了实现这些目标，教师需要设计一套科学合理的技能学习流程。这个流程应该包括动作技能的分解、练习方法的指导以及错误动作的纠正等内容，帮助学生逐步掌握动作要领，提高技能水平。同时，教师还要鼓励学生发挥创造力，尝试创造新颖的动作，这不仅能激发学生的学习兴趣，还能培养他们的创新意识和实践能力。在自学自练的过程中，学生还需要根据个人特点选择合适的场地和器材。这不仅能保证练习的安全性和有效性，还能让学生在适合自己的环境中更好地体验和享受体育运动的乐趣。

## （二）小组讨论

学生完成自学后，教师接下来的重要任务是组织学生进行小组内讨论。这一环节不仅能够巩固学生自学的成果，还是培养他们团队协作能力、批判性思维以及沟通表达能力的关键步骤。在讨论中，每个学生都有机会分享自己的学习心得，提出在自学过程中遇到的问题，以及探讨如何更好地掌握和运用所学技能。让学生体验成功的喜悦是小组讨论的重要目的之一。当学生通过自学和讨论，解决了之前困扰自己的问题，或者找到了新的学习方法和技巧时，他们会感受到巨大的成就感和喜悦。这种正面的情感体验能够极大地激发学生的学习兴趣和动力，促使他们更加积极地投入到后续的学习中。讨论的时间安排也是教师需要精心考虑的。讨论时间不能太长，以免影响整体的教学进度，但也不能太短，要确保学生有足够的时间进行深入的交流和探讨。教师需要根据具体的教学内容和难度来合理确定讨论时间，既要保证讨论的充分性,又要避免时间的浪费。在小组合作学习完成后,教师还可以组织组间交流。这一环节能够让学生从不同的角度和层面了解学习内容,拓宽他们的视野。同时,教师也可以根据学生的交流结果进行及时的总结、补充和讲评。这不仅能够帮助学生更好地理解和掌握所学内容,还能够对他们的学习过程进行有针对性的指导,促进他们的全面发展。

### (三)学生自主练习

在学生经过自学、小组讨论交流以及教师讲评这一系列环节后,他们已经对所学技术技能有了初步的理解和掌握。然而,学习是一个持续不断的过程,仅仅停留在理论层面是远远不够的。为了进一步巩固和提升所学,学生需要进行更深入的实践练习。这时,学生应该根据之前的自学和讨论成果,结合教师的讲评和指导,制订更为明确和有针对性的练习计划。他们可以通过反复练习来加深对技术技能的理解和记忆,逐步纠正自己的错误动作,提高动作的准确性和流畅性。在练习过程中,学生还可以尝试运用不同的方法和策略,以找到最适合自己的练习方式。此外,学生之间的互助和合作也是提高技术技能的重要途径。他们可以相互观察、交流和指正,共同进步。这种同伴间的互助学习不仅能够提升学生的技术技能水平,还能够培养他们的团队合作精神和责任意识。通过不断的练习和反思,学生会逐渐发现自己的进步和成长。当他们能够熟练、准确地运用所学技术技能时,会感受到前所未有的成就感和自信心。这种积极的反馈将进一步激发学生的学习兴趣和动力,促使他们更加努力地追求最佳的学习效果。

### （四）学生技能展示

学生在完成动作技能的学习和练习后，为了进一步巩固和提升学习效果，同时也为了培养学生的自信心和表达能力，每一个合作学习小组都可以选一个代表，在全体成员面前展示他们的学习成果。这一环节不仅是对学生学习成果的检验，更是对他们团队协作能力和个人能力的挑战。在选择代表的过程中，小组成员可以充分讨论和协商，根据每个人的技能掌握情况和表现能力来做出决定。这样的过程本身就是一次团队协作的实践，能够让学生更加深入地理解团队合作的重要性。代表在展示学习成果时，不仅要准确地完成动作技能，还要注重动作的流畅性和协调性，以展现出小组学习的最佳效果。同时，他们也要用准确、生动的语言来描述和解释动作要领，使其他同学能够更好地理解和掌握所学内容。这不仅要求代表具备扎实的技能基础，还需要他们具备一定的讲解和表达能力。通过代表的展示，其他同学可以更加直观地看到小组学习的成果，从而激发他们的学习热情和竞争意识。同时，代表的展示也能为其他同学提供一个学习和模仿的榜样，促使他们更加努力地学习和练习，以期在未来的展示中也能有出色的表现。

### （五）综合评价

在体育合作学习小组学习结束后，体育教师的重要任务之一是及时进行综合评价。这一评价环节对于提升学生的学习热情、明确学习方向以及促进今后合作学习的顺利进行具有至关重要的作用。综合评价的重点应涵盖合作学习小组的活动内容以及合作学习的质量。教师需要细致观察小组活动的全过程，对小组内的互动、讨论、实践等各个环节给予客观的评价。活动内容的评价可以帮助学生了解自己在小组中的角色定位以及贡献程度,从而引导他们更好地参与未来的合作学习。而合作学习质量的评价则有助于学生认识到团队协作的重要性,以及如何通过有效的沟通和协作来达成学习目标。此外,教师还应对每个合作小组的体育技能掌握情况进行评价。这种评价旨在让学生清晰地了解自己在技能学习方面的优势和不足,为他们提供针对性的改进建议。通过技能评价,学生可以更加明确自己的学习方向,激发他们不断提升自我、追求卓越的内在动力。教师的综合评价不仅要全面、客观,更要注重激励和引导。在评价过程中,教师应充分挖掘学生的亮点和进步,给予积极的反馈和鼓励,以增强学生的学习自信心和兴趣。同时,教师也要指出学生在合作学习中存在的问题和不足,引导他们进行反思和改进。通过这样的综合评价,体育教师不仅能够帮助学生巩固所学知识和技能,还能为今后的合作学习奠定坚实的基础。学生们在教师的激励和引导下,将更加积极地投入到体育学习中,享受合作学习带来的乐趣和成果。

# 第三节  多媒体网络体育教学模式

## 一、多媒体网络教学的特点

### (一)强大的多媒体性

### 1. 直观性与生动性的显著提升

传统的体育教学往往依赖于教师的口头讲解和示范,但受限于教师的表达能力和学生的理解能力,效果往往不尽如人意。而多媒体网络教学则能通过高清晰度的声音、图像和影视资料,将每一个技术动作、运动轨迹和身体姿态都清晰、直观地呈现出来。例如,在篮球教学中,通过播放 NBA 球星的实战视频,学生可以直观地看到各种复杂的篮球技巧和战术应用,从而更快速地掌握和理解。此外,动画技术的运用更进一步增强了教学的生动性。通过精心设计的动画,可以将抽象的运动原理、肌肉发力方式等难以用语言描述的内容,以形象、生动的方式呈现出来。这不仅降低了学生的理解难度,还大大提高了他们的学习兴趣和积极性。

**2. 高难度与瞬间性动作的精准解析**

体育教学中,高难度动作和瞬间性动作的学习一直是重点和难点。传统的示范和讲解方式往往难以让学生准确捕捉到这些动作的关键细节。而多媒体网络教学则能通过定格、慢放等技术手段,对这些动作进行精准的解析和展示。例如,在体操教学中,对于空翻、旋转等高难度动作,教师可以通过多媒体技术进行逐帧分析,让学生清楚地看到每一个动作阶段的身体姿态和发力方式。这种精准解析不仅有助于学生更准确地理解和掌握技术动作,还能在一定程度上减少运动损伤的风险。因为学生可以在完全理解和掌握动作要领后,再进行实际操作,从而避免了盲目尝试和错误练习带来的潜在危害。

**3. 个性化与自主学习能力的培养**

多媒体网络教学的多媒体性还为学生提供了更多的自主学习机会。学生可以根据自己的学习进度和理解能力,随时回放、暂停或快进教学内容,进行个性化的学习安排。这种自主学习模式不仅有助于提高学生的学习效率,还能培养他们的自我管理和自我驱动能力。同时,多媒体技术还为学生提供了丰富的学习资源和拓展材料。学生可以通过网络搜索、在线视频教程等方式,获取到更多的学习信息和专业指导。这种开放、多元的学习环境有助于激发学生的创新思维和探索精神,为他们的全面发展提供有力支持。

## (二)灵活的教学时间

### 1. 时空限制的突破与学习自主性的提升

传统的教学模式往往受限于固定的教室和规定的教学时间,这使得学生的学习活动受到严格的时空约束。然而,多媒体网络教学通过数字化技术和网络平台,使学生能够随时随地通过智能化设备访问网络学习资源。这种教学模式的灵活性不仅让学生可以根据个人的时间安排进行学习,而且大大提高了学习的自主性。学生可以在任何时间、任何地点进行学习,无论是课前预习、课后复习还是查漏补缺,都能轻松实现,从而更加高效地管理自己的学习进度。

### 2. 个性化学习路径的塑造与实现

灵活的教学时间还为学生提供了塑造个性化学习路径的可能。每个学生都有自己的学习习惯和节奏,而传统的教学模式往往难以满足这种个性化的需求。多媒体网络教学则允许学生根据自己的学习特点和兴趣,选择合适的时间段进行学习,甚至可以针对某一主题或难点进行深入研究。这种个性化的学习方式不仅有助于提升学生的学习效果,还能培养他们的学习兴趣和自主学习能力。

### 3. 终身学习理念的实践与推广

多媒体网络教学的灵活性还体现在它对终身学习理念的实践与推广上。在知识更新迅速的时代,终身学习已经成为个人发展的必然要求。多媒体网络教学为学生提供了一个便捷、高效的学习平台,使他们能够在任何时候都能接触到最新的知识和信息,不断更新自己的知识体系。这种教学模式不仅有助于学生在学校期间取得优异的成绩,更为他们未来的职业发展奠定了坚实的基础。此外,灵活的教学时间也意味着学生可以根据自己的职业规划和人生目标,随时调整学习内容和进度。无论是为了提升职业技能、拓展知识面还是实现个人兴趣,学生都能在多媒体网络教学中找到适合自己的学习资源和路径。这种灵活性和自主性不仅提升了学生的学习效率,还激发了他们的学习热情和创新精神。

## (三)丰富的教学资源

### 1. 知识内容的多媒体呈现与学生理解能力的提升

在传统的教学模式中,知识内容往往以单一的文字或口头讲解的形式呈现,这在一定程度上限制了学生对于抽象概念和复杂知识的理解。然而,在多媒体网络教学中,通过计算机网络技术,教师可以将枯燥的文字知识转化为生动的图片、动态的视频以及音频等多媒体形式。这种多元化的知识呈现方式不仅使得知识更加直观、形象,而且能够刺激学生的多种感官,从而有效提高他们的理解能力。

### 2. 个性化的学习资源检索与学习效率的提高

多媒体网络教学平台通常配备有强大的信息检索功能,这使得学生能够根据自己的学习需求和兴趣,快速准确地获取到相关的学习资源。在传统的学习环境中,学生往往需要花费大量时间在图书馆或资料室中翻阅大量的书籍和资料以寻找所需信息。然而,在多媒体网络教学中,学生只需通过简单的关键词搜索,即可迅速找到相关的电子书籍、学术论文、教学视频等丰富的学习资源。这种个性化的学习资源检索方式不仅大大节省了学生的学习时间,而且使得学习更加高效和有针对性。学生可以根据自己的学习进度和难点,有针对性地查找和补充相关知识,从而加深对知识点的理解和掌握。

**3. 交互式学习环境的构建与学习积极性的激发**

多媒体网络教学还能通过计算机网络技术构建一个交互式的学习环境,为学生提供更多的学习机会和方式。例如,在线讨论区、实时问答系统以及在线测试等功能,都能让学生在学习过程中与他人进行交流和互动,及时解决学习中的疑惑和难题。这种交互式的学习环境不仅能够激发学生的学习兴趣和积极性,还能培养他们的团队协作能力和批判性思维。学生在与他人交流和讨论的过程中,不仅能够加深对知识点的理解,还能学会从不同的角度思考和解决问题。

**(四)良好的交互性**

**1. 即时反馈与疑惑解答**

多媒体网络教学平台通过集成社交平台等工具,为教师和学生提供了一个即时交流的渠道。学生可以随时向教师提出问题,而教师则能够迅速回应,为学生提供针对性的解答。这种即时的反馈机制不仅帮助学生及时解决了学习中的困惑,还使得教师能够根据学生的实际情况调整教学策略,进一步提高教学效果。例如,教师可以通过在线答疑、作业批改等方式,为学生提供个性化的辅导,从而有效提升学生的学习成效。

**2. 视野扩展与思维碰撞**

除了解决学生的具体疑问外,多媒体网络教学平台的交互性还为学生提供了一个广阔的视野。教师可以通过分享前沿的学术成果、行业动态等信息,引导学生关注更广泛的知识领域。同时,学生与学生之间的交流也能够促进不同观点和见解的碰撞与融合,有助于培养学生的批判性思维和创新能力。这种交互式的学习环境鼓励学生积极参与讨论,发表自己的观点,从而在互相学习和启发中不断成长。

**3. 合作学习与团队协作能力的培养**

多媒体网络教学平台的交互性还为合作学习提供了有力的支持。教师可以利用平台上的工具组织学生进行小组讨论、项目合作等活动,让学生在共同完成任务的过程中培养团队协作能力和合作精神。通过在线协作,学生可以学会如何与他人有效沟通、分工合作以及解决团队中出现的问题。这种合作学习模式不仅有助于提高学生的学业成绩,还能为他们未来的职业发展奠定坚实的基础。此外,多媒体网络教学平台的交互性还体现在其对学生学习体验的显著提升上。传统的教学方式往往缺乏足够的互动环节,导致学生难以长时间保持注意力和兴趣。而多媒体网络教学通过丰富的交互功能,如在线投票、实时反馈等,使学习变得更加生动有趣,从而增强了学生的学习动力和参与度。

## 二、多媒体网络教学在体育中的应用效果

### (一)提高学生学习兴趣

**1. 多媒体技术的多元信息呈现与学生的注意力吸引**

多媒体技术能够集成文本、图像、音频和视频等多种信息形式,为学生提供丰富多彩的学习材料。例如,在体育课程中,通过播放精彩赛事视频或运动员训练片段,可以迅速吸引学生的注意力,引发他们的好奇心和探索欲。这种多元化的信息呈现方式不仅使得学习内容更加生动有趣,而且能够更直观地展示知识点,帮助学生更好地理解和掌握。从教育心理学的角度来看,学生的注意力是有限的资源,而多媒体技术通过提供多样化的刺激,有助于学生在学习过程中保持高度的专注力。当学生对学习内容产生浓厚兴趣时,他们的学习积极性和主动性也会相应提高。

**2. 多媒体技术的交互性与学生的主动参与**

多媒体技术还具有很强的交互性,能够为学生提供与学习内容互动的机会。例如,通过在线测试、模拟实验等互动环节,学生可以即时获得学习反馈,从而调整自己的学习策略。这种交互式的学习方式让学生感受到自己在学习过程中的主体地位,进而更加主动地参与到学习中来。此外,多媒体技术还可以为学生创造虚拟的学习环境,使学生在游戏中学习,在学习中游戏。这种寓教于乐的教学方式不仅提高了学生的学习兴趣,还培养了他们的实践操作能力和创新思维。

**3. 多媒体技术的个性化学习与学生的自我实现**

多媒体技术还为学生提供了个性化的学习路径。例如,智能

推荐系统可以根据学生的学习历史和成绩,为他们推荐合适的学习资料。这种个性化的学习方式让学生感受到学习的针对性和实效性,从而更加珍惜学习机会,努力提高自己的学习效果。同时,当学生通过个性化的学习路径取得进步时,他们会感受到自我实现的喜悦和成就感,这将进一步激发他们的学习兴趣和动力。

## (二)提升学生学习效果

### 1. 视听结合的直观性教学

多媒体技术融合了视觉与听觉元素,为学生提供了一个全方位的感知环境。在体育教育中,这种技术通过视频、图像和声音等多媒体形式,能够直观、生动地展示运动技巧和动作要领。例如,利用高清视频教学,学生可以清晰地观察到运动员的每一个动作细节,从而更准确地理解动作的正确姿势和技巧要点。这种视听结合的直观性教学不仅降低了学习难度,还提高了学生的学习兴趣和积极性,进而提升了学习效果。

### 2. 动态模拟与实时反馈

多媒体技术还具备动态模拟和实时反馈的功能,这对于体育技能的习得至关重要。通过计算机模拟技术,教师可以为学生创建虚拟的运动场景,让学生在安全的环境中进行模拟训练。同时,结合传感器和数据分析技术,系统可以实时捕捉学生的动作数据,并给出即时的反馈。这种动态模拟与实时反馈机制帮助学生及时发现并纠正自己的错误动作,从而加速技能的掌握和提高。与传统教学相比,这种教学方式更具针对性和实效性,显著提升了学生的学习效果。

### 3. 个性化学习与路径选择

多媒体技术还为学生提供了个性化的学习路径选择。每个学生在体育技能上的基础和天赋都有所不同,因此他们需要的学习资源和进度也会有所不同。例如,通过智能分析学生的学习数据,系统可以推荐适合其水平和目标的教学视频、训练计划等。这种个性化的学习方式确保了学生能够在最适合自己的轨道上学习,从而提高了学习效果和效率。此外,多媒体技术还有助于构建自主学习和终身学习的环境。学生可以随时随地通过网络访问丰富的学习资源,进行自主学习和巩固。这种灵活性和便捷性不仅满足了学生多样化的学习需求,还培养了他们的自主学习能力和终身学习习惯。

## (三)提高教学效率

### 1. 优化教学准备,减轻教师负担

在传统的教学模式中,教师需要花费大量的时间和精力进行教学内容的准备,如撰写教案、制作教学道具等。而多媒体技术的应用,使得教师可以更加便捷地获取和整合教学资源,如电子教材、网络课件、教学视频等,从而大大减轻了教师在教学准备阶段的负担。此外,多媒体技术还可以帮助教师实现教学内容的数字化管理,方便随时更新和调整教学内容,进一步提高了教学准备的效率。通过多媒体技术,教师可以更专注于教学设计和教学过程的有效引导,将更多精力投入到如何提升教学质量和学生学习效果上。例如,教师可以利用多媒体技术制作生动有趣的课件,以图像、动画、音频等多种形式呈现教学内容,从而激发学生的学习兴趣,提高教学效果。

## 2. 增强教学过程的互动性与直观性

多媒体技术在教学过程中的应用,可以极大地增强课堂的互动性和直观性。传统的黑板和纸质教材虽然经典,但在展示动态过程、复杂图像或实验操作等方面存在局限性。而多媒体技术则能够轻松实现这些功能,通过动态模拟、实时演示等手段,使学生更加直观地理解和掌握知识点。同时,多媒体技术还可以为师生互动提供更多可能性。例如,教师可以通过电子投票、在线问答等方式,随时了解学生的学习情况和反馈,从而及时调整教学策略。这种即时互动的教学模式不仅提高了学生的参与度,也使得教师能够更准确地把握学生的学习需求,进一步提升教学效率。

## 3. 实现个性化教学与评估

多媒体技术为个性化教学提供了有力支持。教师可以根据学生的学习特点和需求,利用多媒体技术制订个性化的教学计划和教学资源。例如,针对不同程度的学生,教师可以提供不同难度级别的学习材料,以满足他们的学习需求。此外,多媒体技术还可以帮助教师实现更高效的评估与反馈。通过在线测试、电子作业提交等方式,教师可以迅速收集学生的学习数据,进行实时分析和评估。这种数字化的评估方式不仅提高了评估的准确性和效率,还为教师提供了更全面的学生学习情况反馈,有助于教师及时调整教学策略,进一步提升教学效率。

# 第六章 体育教学资源开发实践

## 第一节 体育课程资源开发概述

### 一、体育课程资源开发的意义

体育课程资源的开发,对于现代教育体系来说,具有深远的意义。它不仅关乎体育教学质量的提升,更是对教学内容的极大丰富,能够满足学生日益多样化的体育需求。在当今社会,学生们的兴趣和爱好日益多元化,他们对于体育课程的需求也呈现出多样化的趋势。传统的体育项目和教学内容,虽然经典,但已经难以满足现代学生的全部需求。因此,体育课程资源的开发显得尤为重要。学校通过深入开发体育课程资源,可以引入更多种类的体育项目,如新兴的运动方式、传统的民族体育项目等。这些新元素的加入,使学生在体育锻炼中能够体验到更多的新鲜感和乐趣。当学生在体育课上能够找到自己真正感兴趣的项目,他们的参与度和学习效果自然会得到显著提升。此外,体育课程资源的开发还有助于培养学生的运动兴趣和能力。当学生在多样化的体育项目中找到了自己的兴趣所在,他们就会更加积极地投入到运动中去,从而逐步提高自己的运动技能。这种积极的参与和不断的提高,不仅对学生的身体健康有益,更能够培养他们的团队协作精神、竞争意识以及面对挫折的勇气,进一步促进学生的全面发展。

## 二、体育课程资源开发的原则

### （一）开放性原则：拓展体育课程的边界

开放性原则，是指在体育课程资源开发过程中，课程类型、课程空间和教学途径都应保持开放的态度。这一原则的核心在于打破传统体育教学的束缚，探索更加多元化、灵活的教学方式和资源。传统的体育课程往往局限于几种常见的运动项目，如足球、篮球等。然而，在开放性原则的指导下，教师应积极引入更多种类的运动项目，如瑜伽、舞蹈、武术等，以满足学生不同的兴趣和需求。这种多元化的课程类型不仅能够激发学生的学习兴趣，还能培养他们的多元智能和综合素质。除了传统的体育场馆，体育课程还可以拓展到更多的空间。比如，可以利用学校的操场、走廊、楼梯等公共空间进行简单的体能训练；也可以组织学生到户外进行徒步、登山等活动，让学生在大自然中感受体育的魅力。这种开放式的课程空间有助于增强学生的实践能力和团队协作能力。在教学方法上，教师也应保持开放的态度，不断探索和创新。例如，可以利用现代信息技术手段，如虚拟现实（VR）、增强现实（AR）等，为学生创造更加逼真的运动场景，提升他们的学习体验。同时，还可以引入游戏化教学法、项目式学习等先进的教学理念和方法，使体育教学更加生动有趣。

### （二）针对性原则：明确目标，精准开发

针对性原则强调的是在体育课程资源开发过程中，要针对不同的教学目标进行精准开发。这意味着教师需要明确教学目标，并根据这些目标选择合适的课程资源。在进行体育课程资源开发

之前,教师必须对教学目标有清晰的认识。这些目标可能包括提高学生的体能水平、培养学生的团队协作精神、增强学生的竞技能力等。只有明确了教学目标,教师才能有针对性地选择合适的课程资源。根据教学目标的不同,教师需要精准地选择相应的课程资源。例如,如果目标是提高学生的体能水平,那么可以选择一些高强度的运动项目作为教学内容;如果目标是培养学生的团队协作精神,那么可以设计一些需要团队协作才能完成的任务。这种针对性的资源开发,可以确保教学资源的有效利用和教学效果的最大化。

## (三)合作互补与开发与利用相结合及时代性原则的综合应用

在体育课程资源开发的过程中,合作互补原则、开发与利用相结合原则以及时代性原则是相互关联、相辅相成的。体育课程资源的开发不应仅仅局限于学校内部。学校可以与社区、家庭等各方资源进行合作,共同开发体育课程资源。例如,可以与社区合作举办体育赛事或健身活动,让学生在实际参与中感受体育的魅力;也可以邀请家长参与到体育课程的设计中来,增强家校之间的互动与合作。这种合作互补的方式不仅能够丰富体育课程资源的内容和形式,还能够促进学生的全面发展。资源的开发应与利用紧密结合,确保所开发的资源能够在实际教学中得到有效应用。教师在开发体育课程资源的同时,也要考虑如何将这些资源有效地融入实际教学中去。例如,在开发了一套新的体操动作后,教师应设计相应的教学计划和活动方案,确保学生能够在课堂上真正掌握这些动作要领。同时,教师还应根据实际情况对开发的资源进行不断的调整和优化,以适应学生的学习需求和教学目标的变化。

体育课程资源的开发应与时俱进,结合当代学生的特点和需求进行。随着科技的进步和社会的发展,学生的生活方式和兴趣爱好也在不断变化。因此,教师在开发体育课程资源时,应关注当代学生的特点和需求,引入具有时代特色的体育项目和内容。例如,可以结合当下流行的健身运动或电子竞技等元素设计新的体育课程项目,激发学生的学习兴趣和参与度。同时,教师还应关注体育教育领域的新理念和新方法,不断更新自己的教学观念和技能水平,以适应时代发展的需要。

## 三、体育课程资源开发的具体内容

### (一)设施资源开发

体育设施资源是体育课程教学中不可或缺的一部分,而对其进行开发和升级,则是提升体育教学质量和满足学生多样化需求的重要手段。对传统体育设施的改造和升级是其中的一项关键任务。以篮球场为例,传统的篮球场通常只能满足篮球运动的需要,但在实际教学中,往往需要场地能够适应更多的体育项目。因此,可以考虑将篮球场进行多功能改造,比如增加排球、羽毛球等运动项目的设施,使其成为一个综合性的运动场地。这样一来,不仅提高了场地的使用率,还能满足学生们多样化的运动需求,促进他们的全面发展。另一方面,引入新的体育设施也是体育课程资源开发的重要一环。随着科技的发展,越来越多的智能化体育设施开始进入人们视野。这些设施通过运用先进的科技手段,能够实时监测学生的运动数据,为教师提供更加精准的教学反馈。例如,引入智能化的跑步机、健身器材等,可以帮助学生更科学地进行锻炼,同时也让教师能够根据学生的实际情况,制订更加个性化的教学计划。

## (二)课程内容资源开发

在体育课程内容资源开发方面,教师需要深入学生之中,了解他们的兴趣和爱好。每个学生都是独特的,他们的兴趣点也各不相同。因此,教师在选择和开发课程内容时,应结合课程标准和学生的实际情况,寻找那些能够与学生产生共鸣的主题。为了激发学生的学习兴趣,教师可以考虑引入一些新兴的体育项目。例如,攀岩和滑板等运动,这些项目不仅具有挑战性,还能让学生在运动中体验到刺激与乐趣,从而更加积极地投入到体育课程中。同时,这些新兴项目也能帮助学生培养勇敢、坚韧的品质,提升他们的身体素质和心理素质。传统体育项目虽然经典,但有时候可能显得过于单调或陈旧。通过对这些项目进行创新改造,如改变规则、增加难度或融入新的元素,可以使其更符合当代学生的需求,重新焕发出活力。

## (三)信息资源开发

在互联网时代,信息资源的获取和利用变得前所未有的便捷。对于体育课程而言,信息资源的开发同样具有重要意义。教师可以通过互联网资源,如专业的教育网站、在线教育平台等,搜集和整理与体育教学相关的资料,从而极大地丰富教学内容。例如,教师可以利用在线教育平台上的视频教程,让学生更直观地了解某项运动的技巧和规则;或者通过教育网站上的互动游戏,让学生在轻松愉快的氛围中巩固所学知识。同时,社交媒体等渠道也是获取最新体育资讯和教学方法的重要途径。教师可以通过关注体育领域的专业账号或参与相关讨论组,及时了解到最新的教学理念、训练方法以及体育赛事动态等,从而保持体育教学的时效性和前瞻性。这些信息的融入,不仅能够让体育教学更加贴近实际,还能激发学生的学习兴趣,提高他们的学习效果。

# 第二节 体育课程资源开发与利用实践

## 一、课程内容资源的开发与利用

### (一)以学生兴趣和爱好为导向的课程内容选择

在课程内容的选择过程中,必须充分认识到学生作为学习主体的地位,他们的兴趣和爱好是决定课程内容吸引力的重要因素。当代学生生活在一个信息爆炸的时代,他们的兴趣广泛且多样,对于体育课程同样有着自己的期待和偏好。因此,课程内容的选择不能仅仅局限于传统的体育项目,而应该更加开放和多元。例如,针对当前学生对户外运动表现出的浓厚兴趣,可以积极引入攀岩、徒步等户外运动项目。这些项目不仅能够锻炼学生的身体素质,还能培养他们的冒险精神和团队协作能力。在设计课程内容和教学计划时,需要结合课程标准,明确教学目标,确保学生在参与这些户外运动项目的过程中,能够真正掌握相关的体育知识、技能,并树立正确的体育价值观。同时,还应该注意到,学生的兴趣和爱好是不断发展变化的。因此,课程内容的开发与利用也需要具备动态性和灵活性,能够随时根据学生的需求进行调整和优化。

### (二)传统体育项目的改造与创新

传统体育项目虽然经典,但随着时间的推移,它们可能逐渐失去了对学生的吸引力。因此,需要通过创新来赋予这些传统项目新的生命力和吸引力。以篮球运动为例,这是一项深受学生喜爱的传统体育项目。然而,单纯的篮球比赛可能无法满足所有学生的需求。为了增加篮球运动的趣味性和多样性,可以尝试将其与现代街舞元素相结合,创造出一种全新的篮球舞蹈。这种篮球舞蹈不仅保留了篮球的基本技巧,如运球、投篮等,还融入了街舞的韵律感和动感,使学生在运动的同时能够感受到音乐的节奏和舞蹈的美感。这种改造与创新的做法,不仅能够吸引学生的注意力,提高他们的参与度,还能够促进他们对传统体育项目的深入了解和掌握。同时,通过创新的方式传承和发展传统体育项目,也是对体育文化的一种保护和弘扬。

## 二、教学方法与手段资源的开发与利用

### (一)运用现代信息技术丰富教学方法

在当今信息化的时代背景下,多媒体、网络等现代信息技术为体育教学提供了前所未有的便利和可能性。这些技术不仅改变了信息传递的方式,还极大地丰富了教学手段,使得体育教学更加生动、直观和高效。以虚拟现实(VR)技术为例,这种技术能够为学生打造沉浸式的运动场景,让他们在虚拟的环境中真实地体验各种运动项目。通过 VR 技术,学生可以在不受时间和地点限制的情况下,进行模拟训练,感受运动带来的刺激与乐趣。这种新颖的教学方式不仅能够极大地提高学生的学习兴趣和参与度,还能帮助他们更好地理解运动技巧、提升运动表现。除了 VR 技术,还可以利用其他多媒体教学资源,如教学视频、动画演示等,来辅助体育教学。这些资源能够直观地展示运动动作的要领和技巧,帮助

学生更快地掌握运动技能。同时,网络资源的共享性也使得学生可以在课后进行自主学习和巩固,提高学习效率。

## (二)引入先进的教学理念和方法

在教学方法的革新上,还应积极引入先进的教学理念和方法,以适应新时代学生的学习特点和发展需求。游戏化教学法和项目式学习是两种值得推崇的教学方法。游戏化教学法通过将学习内容与游戏元素相结合,让学生在轻松愉快的氛围中学习知识、掌握技能。在体育教学中,可以设计富有挑战性的体育游戏,让学生在游戏中锻炼身体、提升运动技能。这种教学方法不仅能够激发学生的学习兴趣和动力,还能培养他们的团队协作精神和竞争意识。项目式学习则是一种以学生为中心、以项目为驱动的教学方式。在体育教学中,可以设计具有实际意义的体育项目,让学生在完成项目的过程中自主学习、合作探究。通过这种方式,学生不仅能够深入理解和掌握运动技能,还能培养他们的问题解决能力、创新思维和批判性思维。

## 三、场地设施资源的开发与利用

### (一)硬件设施的投入、更新与智能化升级

在体育教育领域,硬件设施的完善与先进程度直接影响到教学质量和学生体验。因此,持续投入并更新体育场地设施是提升体育教学水平的关键环节。这包括但不限于对传统体育场地的翻新、扩建,以及根据现代体育教学需求增添新型运动设施。随着科技的快速发展,智能化体育设施正逐渐成为体育教学的新宠。例如,引入智能跑步机、智能健身器材等高科技设备,不仅能为学生

提供更为精准的运动数据反馈,帮助他们更有效地进行锻炼,还能增加体育教学的趣味性和互动性,激发学生的学习兴趣。此外,这些智能化设备的引入也体现了体育教学的现代化趋势,有助于提升学校的整体教育形象。

## (二)场地多功能性、安全性的考虑与资源共享

在场地设施资源的开发与利用中,还应充分考虑场地的多功能性和安全性。传统的体育场地往往只能满足单一运动项目的需求,这在一定程度上限制了体育教学的多样性和灵活性。因此,将传统体育场地改造为多功能运动场地显得尤为重要。这样的改造不仅能满足不同体育项目的需求,还能提高场地的使用效率,实现一地多用。同时,保障学生运动安全也是场地设施开发与利用中不可忽视的一环。这要求在选择运动设施时,必须严格把控其质量关,确保设施的安全性和稳定性。此外,定期对场地设施进行检查和维护也是必不可少的,以确保学生在运动过程中的安全。除了上述两点外,资源的共享与整合也是提高场地设施利用效率的有效途径。通过与其他学校或社区的合作,可以实现场地设施的互通有无,避免资源的闲置和浪费。这种合作模式不仅能缓解部分学校场地设施紧张的状况,还能促进校际间的交流与合作,共同推动体育教育事业的发展。

## 四、师资力量的开发与利用

### (一)教师专业发展与技能培训

教师的专业发展是提升体育课程质量的基础。随着体育教育理念和技术的不断更新,教师需要不断学习和进步,以适应新的教

学需求。因此,注重教师的专业发展和技能培训至关重要。在实践中,可以通过定期举办教师培训、教学研讨会等活动,为教师提供学习和交流的平台。这些活动可以涵盖体育教学理论、教学方法、课堂管理等多个方面,旨在提高教师的教育教学能力,使他们能够更好地开发和利用体育课程资源。同时,鼓励教师积极参与体育课程资源的开发与利用工作也是关键。教师是课程资源开发与利用的主体,他们的实践经验、教学心得以及对学生的了解,都能为课程资源的优化提供宝贵的建议。因此,应该充分发挥教师的专业特长和创新精神,让他们在课程资源的开发与利用中发挥更大的作用。

## (二)外部专家资源的引入与利用

除了加强教师内部的专业发展,引入外部专家资源也是提升体育课程资源开发与利用水平的有效途径。外部专家,如体育专家、知名教练员等,他们具有丰富的实践经验和深厚的理论基础,能够为体育课程的设计和教学提供专业的指导和建议。通过邀请这些专家参与课程设计和教学指导工作,学校可以借鉴他们的先进理念和教学方法,进一步优化体育课程资源。同时,外部专家的参与还能够为教师提供学习和交流的机会,促进教师专业素养的提升。此外,还可以与外部专家建立长期的合作关系,共同开展体育教学研究、教材编写等工作。这种合作模式不仅能够推动体育课程资源的持续开发与利用,还能够提升学校的整体教育水平和影响力。

## 五、评价与反馈资源的开发与利用

### (一) 多元化评价体系的建立与实施

在体育教学评价中,传统单一的考核方式已经无法满足现代教育的需求。为了更全面地评估学生的学习成效,需要构建一个多元化的评价体系。这一体系应包括学生的自我评价、同伴评价以及教师评价等多个维度,以确保评价结果的客观性和准确性。自我评价能够帮助学生更好地认识自我,发现自身的优点和不足,从而激发他们的学习动力和自我提升意识。同伴评价则有助于培养学生的团队协作精神和相互尊重的品质,同时能够从不同的视角提供评价信息,丰富评价内容。而教师评价则能从专业的角度对学生的学习情况给予全面、客观的分析和指导。通过多渠道的评价信息,可以全面了解学生的学习状况、技能掌握程度以及存在的问题,为后续的教学提供有力的数据支持和针对性的指导建议。

### (二) 教学反馈机制的完善与优化

教学反馈是提升教学质量的关键环节。及时、有效的教学反馈不仅能帮助教师发现教学中的问题,还能激发学生的学习兴趣,促进他们的全面发展。因此,需要不断完善和优化教学反馈机制。教师应定期进行教学反思和总结活动,审视自己的教学方法和策略是否得当,是否能够有效促进学生的技能提升和全面发展。通过反思和总结,教师可以及时发现教学中的问题与不足,进而调整教学策略,优化教学方法。鼓励学生积极参与教学反馈过程也是至关重要的。学生是体育教学的直接受益者,他们对教学的感受和评价具有重要的参考价值。因此,教师应鼓励学生提出宝贵的意见和建议,让他们成为体育教学的参与者和推动者。这样不仅可以增强学生的学习主体性和责任感,还能帮助教师更全面地了解教学效果和学生的学习需求。为了确保教学反馈的及时性和有效性,教师还可以利用现代信息技术手段来收集和分析学生的反馈数据。例如,通过在线调查、学习管理系统等工具来实时获取学生的学习情况和反馈意见,以便更快速地调整教学策略和满足学生的学习需求。

# 参 考 文 献

[1]赵晓璇,刘帅祎,李奇,等. 不同运动方式促进周围神经损伤后的功能恢复 [J/OL]. 中国组织工程研究,1-9[2024-05-28].

[2]贾琚杰. 智慧体育助力高校体育教学的建设与发展 [J]. 文体用品与科技,2024,(09):193-195.

[3]李果,刘京. 体育科学研究方法课程混合式教学模式改革与实践 [J]. 体育世界,2024,(04):45-47.

[4]袁雯娟. 高校体育信息化教育资源区域共建共享机制研究 [J]. 当代农机,2024,(04):91-92.

[5]耿建伟,邢文娟,张树巍,等. "四位一体"目标下高校体育混合式教学模式的线上教学质量优化研究 [J]. 辽宁工业大学学报(社会科学版),2024,26(02):139-142.

[6]吉宵,郑禹豪,叶菁. 体育智慧课堂教学模式设计及应用研究 [J]. 文体用品与科技,2024,(08):181-183.

[7]王浩杰,张晓英,陈静越,等. 新时代高校体育教育促进大学生心理健康的逻辑理路与实践进路 [J]. 体育科技文献通报,2024,32(04):213-217.

[8]张可盈,张栋,丁宇,等. 长期参与有氧运动大学生执行功能相关脑网络特征 [J]. 科学技术与工程,2024,24(10):4013-4019.

[9]刘作武,崔海燕. 有氧运动对血管性认知功能障碍的影响分析[J]. 兵团医学, 2024, 22 (01): 18-20.

[10]顾正秋. 提升肌肉力量和质量的高效训练方法 [J]. 中国体育教练员, 2024, 32 (01): 16+18.

[11]闫静,徐诗枧,张文鹏. 国际融合体育教育研究:热点、趋势、理论与实践探索 [J]. 北京体育大学学报, 2023, 46 (12): 1-17.

[12]王瑞卿. 体育教育训练学的理论与实践:深化对运动训练的科学理解[C]// 延安市教育学会. 第五届创新教育与发展学术会议论文集(一). 浙江旅游职业学院, 2023: 9.

[13]王振亚. "大体育"视域下高校公共体育教学体系研究——评《当代高校体育教育理论与发展探究》[J]. 教育发展研究, 2023, 43 (22): 2.

[14]陈一凡. 竞技健美操柔韧素质训练方法研究 [J]. 健与美, 2023, (11): 112-114.

[15]张文雯. 体育教育中的理论创新与实践对接研究[C]// 中国教育发展战略学会教育教学创新专业委员会. 第五届全国教育教学创新与发展论坛 2023 年学术年会论文集(卷一). 山东省济南燕山中学, 2023: 5.

[16]凌弘. 当代大学体育教育教学理论与实践应用——评《大学体育教程》[J]. 人民长江, 2023, 54 (09): 281.

[17]田甜,袁煜闯. PNF 拉伸应用于新时代大学生运动损伤预防的实证研究 [J]. 田径, 2023, (05): 82-84.

[18]黄哲聪. 肌肉力量训练的方法 [J]. 健与美, 2022, (11): 114-116.

[19]叶子琦. PNF 拉伸法在体能训练中的研究进展 [J]. 体育科

技文献通报, 2022, 30 (07): 237-240.

[20] 陆乐. 体育教育专业"理论——实践"融合慕课课程建设探索 [C]// 中国体育科学学会. 第十二届全国体育科学大会论文摘要汇编——墙报交流 (学校体育分会). 上海师范大学, 2022: 2.

[21] 宋博. 创新体育教学方法 提高人才培养质量——评《新时期体育教育理论与实践新探》[J]. 山西财经大学学报, 2021, 43 (11): 133.

[22] 芦毅恒, 史嘉诚. 肌肉力量训练方法及周期化特征 [J]. 中国体育教练员, 2021, 29 (03): 67-69.

[23] 黄晓波. 新时代背景下体育教学与训练的理论和实践探索 [J]. 当代体育科技, 2021, 11 (19): 251-253.

[24] 刘立. "适应体育"教育理论视角下高校公共体育教学探究 [J]. 黑龙江高教研究, 2021, 39 (02): 157-160.

[25] 邱天, 林水秋, 陈晰. 高校体育创新思维的教学与实践 [M]. 厦门: 厦门大学出版社: 202010. 185.

[26] 耿剑峰. 创新教育理念下的体育课程建设与教学管理研究 [M]. 北京: 新华出版社: 202007. 205.

[27] 冯婷. 大学体育人文教育理论与实践研究 [J]. 体育科技文献通报, 2020, 28 (07): 132+135.

[28] 廖建媚. 高校公共体育教学环境研究 [M]. 厦门: 厦门大学出版社: 201912. 198.

[29] 冯世勇, 贾海翔, 尹志强, 等. 体育文化与实践研究 [M]. 北京: 中国政法大学出版社: 201908. 284.

[30] 刘鑫. 体育教育教学发展改革历程研究 [M]. 南京: 南京大学出版社: 201904. 163.